The Art of Thinking

叶舟 著

思考的艺术

你最好让别人去犯的
55个
思维错误

台海出版社

图书在版编目（CIP）数据

思考的艺术 / 叶舟著. —— 北京：台海出版社，
2018.9

ISBN 978-7-5168-2101-5

Ⅰ.①思… Ⅱ.①叶… Ⅲ.①思维方法 Ⅳ.
①B804

中国版本图书馆CIP数据核字（2018）第205527号

思考的艺术

著　　者：叶　舟		
责任编辑：武　波　员晓博	装帧设计：李爱雪	
版式设计：叶　淋	责任印制：蔡　旭	

出版发行：台海出版社

地　　址：北京市东城区景山东街20号　邮政编码：100009

电　　话：010－64041652（发行，邮购）

传　　真：010－84045799（总编室）

网　　址：www.taimeng.org.cn/thcbs/default.htm

E－mail：thcbs@126.com

经　　销：全国各地新华书店

印　　刷：北京柯蓝博泰印务有限公司

本书如有破损、缺页、装订错误，请与本社联系调换

开　　本：880mm×1280mm　　　　1/32

字　　数：169千字　　　　　　　印　张：6.5

版　　次：2018年10月第1版　　　印　次：2018年10月第1次印刷

书　　号：ISBN 978-7-5168-2101-5

定　　价：32.00元

思考，是一件每时每刻都在发生的事。思考，人人都会，人人又都不会。

我们每天从睁开眼睛开始，就在进行思考：买早餐、逛网店、喝咖啡、做计划、观察股市动态……然而不幸的是——我们的思考常常是不理智的，甚至是错误的！

"人是生而自由的，却无不在枷锁之中"，用这句话来描述人类为自己的错误思维所误导、受累的情形，是再恰当不过的。思维错误、认知陷阱如影随形般伴随人类生活的各个领域，现身于我们生活的每个场合，细追究起来无处不在，不经意之时又无迹可寻。

好心一定有好报，好人一定有好报；

一个外表英俊漂亮的人，其他方面也很不错；

别人的想法比自己高明，习惯以他人的评论来考察自己的行为；

吸烟有害身体，心中暗暗告诫自己不要吸烟了，转眼间又点燃了一支；

用大脑中的刻板印象去看待人和事，喜欢戴上有色眼镜去看人；

卖家的小礼物会促使我们买下原本不想买的东西；

吃过一次亏或者上过一次当，就认为周围的人都不是什么好人；

一次恋爱中受过伤害，就认为世界上所有的异性都是靠不住的；

看自己什么都好，认为自己很完美，高估了自己的学识和能力；

专家的预测是经过大量分析和精确计算得出来的，专家的预测是投资的风向标；

成功者都有超于常人的禀赋和智商，只有高智商者才能成功；

如果我们能更清楚地回忆起某件事情，我们就会认为这件事真实存在且较可能发生；

…………

想想看，这些思考中的错误和陷阱，你是不是很熟悉？生活中你是不是时常犯了上面所列的一种或几种思考错误？

为什么我们的思考总是出错？原因不一而足，但归根结底在于我们自身。想当然；人云亦云；过于尊崇权威；热衷智商；相信经验；为现实环境左右；不是过于感性，就是过于理性……林林总总的原因，让我们的大脑难以清醒，让我们的思维难以清晰，让我们的思考难以明智，因此我们在观察思考的时候，也必然是戴着"有色眼镜"的，只是我们自己常常没感觉到，我们的思考已经被"污染"，已经走进了误区！

很多人不是没有思考，而是不肯用心思考。

很多人不是不会思考，而是不会独立思考。

思考技能是天赋还是养成的习惯？思考是一种本能还是一门艺术？《思考的艺术——你最好让别人去犯的55个思维错误》一书用耳目一新的观点、打破常规地看待世界和人生的方式，教你打破思考的局限，克服思考的障碍，学会创造性、批判性地思考问题并有效地解决问题，从而传达给读者这样一个重要的理念——思考是一门需要学习并且可以习得的艺术。

本书是一本了解思维谬误、澄清思维误区的入门书。全书小中见大，包罗万象，以显微镜般的观察聚焦人们常犯的思维错误，列举了55种人类常见的思维误区，引用生活趣事、名人轶事、历史故事、爱情关系、人际关系、投资之道、心理实验等论述，生动形象而又具体雄辩地指出思维之错在哪里，并且给出了纠正的办法。让读者熟知思考方式的隐形陷阱，少犯错误，提高生活与工作效能。

思考质量决定生活质量。打破思维瓶颈，突破思维误区，提升思维艺术，做迷茫时代的明白人！

目录
contents

1

为什么外表漂亮的人，总能讨人们的喜欢

以貌取人偏误：外貌与才华、品行不能画等号

一对老夫妇，女士穿着一套褪色的条纹棉布衣服，而她的丈夫则穿着粗布的便宜西装，他们也没有事先约好，就直接去拜访哈佛的校长。校长的秘书在片刻间就断定这两个乡下老夫妇根本不可能与哈佛有业务来往。

先生轻声地说："我们要见校长。"

秘书很不礼貌地说："他整天都很忙。"

女士回答说："没关系，我们可以等。"

过了几个钟头，秘书一直不理他们，希望他们知难而退，自己走开。他们一直等在那里。秘书终于决定通知校长，"也许他们跟您讲几句话就会走开。"

校长不耐烦地同意了，他很有尊严而且心不甘情不愿地面对这对夫妇。女士告诉他："我们有一个儿子曾经在哈佛读过一年书，他很喜欢哈佛，他在这里的生活很快乐。但是去年，他因意外而死亡。我丈夫和我想要在校园里为他立一个纪念物。"

校长并没有被感动，反而觉得可笑，粗声说："夫人，

我们不能为每一位曾在哈佛读过书而死亡的人建立雕像。如果我们这样做，我们的校园看起来会像墓园一样。"

女士很快说："不是，我们不是要竖立一座雕像，我们想要捐一栋大楼给哈佛。"

校长仔细地看了一下条纹的棉布衣服及粗布的便宜西装，然后吐一口气说："你们知道建一栋大楼要花多少钱吗？我们学校的每栋建筑物都超过750万元。"

这时，这位女士沉默了。

校长很高兴，心想总算可以把他们打发了。只见这位女士转向她的丈夫说："只要750万就可以建一座大楼？那我们为什么不建一座大学来纪念我们的儿子？"她的丈夫点头同意。

哈佛的校长觉得很困惑。就这样，斯坦福先生和夫人离开了哈佛，来到了加州，随后成立了斯坦福大学来纪念他们的儿子。

哈佛校长为以貌取人的错误判断付出了很大的代价。

现实生活中，人们也会犯哈佛校长的错误。对一个外表英俊、漂亮的人，人们很容易认为他其他方面也很不错。对一个外表邋遢、丑陋的人，人们则倾向于认为他各方面都低劣。

印象一旦以情绪为基础，就常会偏离事实。看不到优秀背面的东西，就不能很好地解读它。孤立地以貌取人、以才取人、以德取人、以某一言行取人、以某一长处或短处取人，都是片面的知觉。

人不可貌相，海水不可斗量，识人要看内心，不要被别人的外表蒙蔽了眼睛，更不要让"以貌取人"来操纵我们的判断结果。评价一个人，需要多方面考察，从整体上来下结论。

从整体上看人，就是要从德、识、才、学、体这五个基本方面，也就是按人才所构成的基本要素来评定。五者是相辅相成的一个有机整体，它们之间互相影响、互相制约，不能只见一点而忽略了其他四点。这就需要我们用整体性的综合思维方式，把事物经分析之后的各个方面、各个层次联系起来，形成一个整体认识，从而得出正确的结论。"横看成岭侧成峰，远近高低各不同"，这句诗告诉人们，识人、知人时采取不同的认识角度会产生不同的结果。如果从上往下看，会把人看矮了；如果从下往上看，会把人看高了；如果从近往远看，会把人看小了；如果从门缝里看人，会将人看扁了。

被誉为近代哲学开山巨匠的培根，在哲学和自然科学领域都取得了杰出的成就。但作为哲学家的他，人格却似乎与他的才学成反比。他年轻的时候，通过阿谀奉承备受女王宠臣埃塞克斯的青睐，后来他又用作伪证的卑鄙手段把埃塞克斯送上了断头台。其后，他极尽钻营投机之能事，反复向英女王表示"粉身碎骨为陛下效劳"，从而受封为大法官。但他最终因为受贿罪下狱，背着沉重的精神债务去见上帝了。尽管他在哲学上有伟大的成就，但历史绝不会宽恕丑恶。在提到他的名字时谁都不会忘记，他是一个声名狼藉的学者，是过分的贪欲败坏了他的好名声，并使他身败名裂。对于类似培根这样的人，既不能因学术上的成就而遮掩其人格上的卑劣，也不能因为其卑劣行径而否定他的成就。

只有把人各个方面的表现联系起来，从整体上把握人的本质和主流，不能一叶障目，也不能以偏概全，更不能以貌取人。要看一个人在工作中的表现如何，对待事业、家庭和自身的态度如何，对待社会公益事业的态度如何，在喜怒哀乐时的情绪表现如何，在得志和失意时的表现又如何，又是如何对待金钱、名誉、地位等，只有在尽可能多了解和了解透彻的前提下，才能形成对一个人的正确认识。

2

好心有好报？只是你的一厢情愿

玛莎在礼拜天学校（免费学习圣经知识的学校）学习，上课时她举手发问道："如果我是个好姑娘，将来一定能到天国吗？"

"是的，当然能到天国。"负责教课的老牧师说。

"那我的猫呢？它能跟我去天国吗？"

"不能，我的孩子，猫没有什么灵魂，它不能到天国去。"

"那我院子里的那些奶牛呢？它们能到天国去吗？"

"不能，我的孩子，奶牛也不能到天国去。"

"这就有点麻烦了，这样的话，我就必须每天到地狱里去取牛奶喽！"

在玛莎的意识里，她认为自己每天一定要喝牛奶——由于产生了这一绝对化认知倾向，导致玛莎认为即使去了天国也伴随着一些不如意。

关于负面情绪的发生源问题，心理学家们认为多是由不合理认知模式所引发的，其中"绝对化要求"便是不合理认知模式的特征之一。

所谓的"绝对化要求"，是指人们以自己的意愿为出发点，对某一事物怀有认为其必定会发生或不会发生的信念，它通常与"必须""应该"这类字眼连在一起。比如："我必须获得成功""别人必须友善地对待我""生活应该符合'好人有好报'的法则"等。当产生这种信念后，人们极易陷入情绪困扰中——客观事物的发生、发展都有其特定规律，它们并不会对人的意志作出妥协。

比如，对某个具体的人来说，他不可能在每件事情上都获得成功，他很难让所有的人都喜欢自己，同样，"好人有好报"的理论也很难在现实生活中得到求证。因此，当某些事件的发生与他们对事物的绝对化要求相悖时，他们的情绪就会变得非常负面，感到周围的一切都让人难以接受，从而由于难以适应而陷入情绪苦境。

客观事物的发生、发展都有其固有规律，是不以人的意志为转移的。就某个具体的人来说，他不可能在每一件事情上都获得成功，而对某个个体来说，他周围的人和事物的表现和发展也不可能以他的意志为转移。因此，事情的发展不会完全按照个体的要求进行，会出现与个人的要求相悖甚至反差很大的情况。

在很多人看来，"好人有好报""好心有好报""我对你那么好，那你就应该也对我那么好"。只是很遗憾的是，答案是未必。也就是说你对对方好，但对方不一定对你好。这个情况可以分为两种；一种是你认为的对对方好，对他人而言是一种压力和负担，他人并不需要，再上升点说你认为的好，其实在对方眼里看来是不好，因此对方自然就不大可能对你友好了；另一种是你的确对对方好，这个人心里也明白，只是很可惜，忘恩负义的人还是比较多的，这时，你付出再多也得不到回报，这也是正常的。

"你必须""你应该""事情必须""事情应该"，这都是以自我中心，苛求他人、控制他人的表现。每个人都有自己的想法和选择，也有自己的优点和不足，我们没有权力去苛求、左右他人"必须"怎样，最多只能是希望或建议而已。有些事情不是由我们某一个人所能决定或改变的，我们只能去面对、接受，以及通过调整自我积极地去适应。

3

名校的名气，对学生的塑造能有多大作用

拱道效应：学校如同拱道，未进入名校者不必自暴自弃

一名哈佛毕业生刚刚参加完毕业典礼，他握着毕业证意气风发地走出校门，叫了一辆出租车。出租车司机觉察出乘客明显的春风得意，不禁问道："先生有什么喜事吗？"

毕业生略带傲慢地说："我是哈佛的，刚毕业了！"

出租车司机面无表情地说："哦，我也是哈佛毕业的，85级！"

在人们的意识中，名校总是与不菲的收入、体面的工作、较高的社会地位紧密相连，但出租司机却为这个命题提供了反证——所以那些非名校毕业的学生，没有必要因为自己的教育背景而黯然神伤。

上述故事反映了心理学中的一个有趣现象——拱道效应。

所谓"拱道效应"，是指一种经过"拱道"而使人产生积极心理反映的现象。英国心理学家德·波诺在《思维的训练》一书中提出了"拱道"的概念，他认为学校犹如一个拱道，名牌学校会产生积极的拱道效应，即一批优秀人物走进拱道，从拱道里就会走出一批优秀毕业生。在这个过程中，拱道除了看着他们通过外，在塑造优秀人物方面，所起的作用是非常微小的。也就是说，名牌学校批量生产优秀毕业生，主要原因并不是学校为学生们提供了出色的教学内容和方式，而是因为名校为学生们设置了较高的进入门槛，加之名校的品牌效应，导致名牌学校招收的本来就是一些十分优秀的学生。这种理论确实有一定的逻辑，但也不能因此就完全抹杀名校对塑造优秀学生的作用，毕竟与普通学校相比，名牌学校还是为学生们提供了更有优势的教学资源。

能够成为名校的一员，对于学生而言，本来就是一件十分自豪的事情，于是他们在学习时便有了巨大的动力，更加乐于积极地表现，以持续证明自己的优秀，在这个过程中，便发生了"拱道效应"。而那些并非出自名校的学生，由于对学校持有一种消极的态度，认为一旦自己进入这种普通学校，便难以有出头之日，于是对学习丧失了兴趣，只想得过且过。从某种意义上来说，一个学生到底会成为一个优秀的人物还是平庸之辈，并不取决于他是就读于名牌学校还是普通学校，而是取决于他对学习的态度。一个人因步入普通学校便放弃了继续奋斗的勇气，这才是他难以优秀的最关键因素，而非他所就读的学校导致了他的失败。

"拱道效应"启示我们，即使与名校无缘，因为一次考试失误而进入了普通的学校，也不要悲观地认为自己的人生已经被不成功定格。只要你没有失去奋斗的力量和勇气，只要你为了博取精彩人生而不懈努力，你就可以比那些出自名校的毕业生更加优秀。

4

丑女嫁给俊男，为什么反而感到不快乐

3个女人在一场车祸中丧生，同时来到天堂。当她们到了天堂后，天使圣彼得告诫她们："在天堂里，我们这里只有一个规矩——千万不要踩到鸭子！"虽然3个女人对于这个规定感到很奇怪，但她们想既然来到了天堂，便要遵守天堂的规矩，所以她们谨小慎微，千方百计躲避着脚下的鸭子。可是，天堂的鸭子实在是太多了，多到几乎不可能踩不到的地步，虽然她们极力避免，但是其中一个女人还是不小心踩到一只。

踩到鸭子后，圣彼得立刻带着一个这女人一生从未见过的、长得极丑陋的男人来到她面前，告诉她："你踩到鸭子的惩罚就是要永远跟这个丑男人拴在一起。"

第二天，另外一个女人也不小心踩到了鸭子。这时圣彼得又带着另一个长相不堪入目的男人来到她面前，结果如同之前那个女人。圣彼得把第二个女人跟他带来的丑男人拴在了一起。

第三个女人终于知道踩到鸭子的后果了，为了避免发生

与丑陋男人拴在一起的噩梦，她每天都万分小心，在未踩到任何鸭子的情况下，她在天堂平安过了几个月。

但是有一天，圣彼得来到了她的面前，带着一个超级美男。这个男人不仅高大壮硕，而且长相俊美，圣彼得把他们拴在一起后，没对第3个女人说任何话就走了。

女人十分纳闷，她问身旁的这个美男："为什么我可以跟你永远拴在一起呢？"这个男人说："我昨天刚刚来到天堂，上午不小心踩到了一只鸭子。"

　　虽然可以与超级美男永远拴在一起，但是得知自己有此好运的原因后，这个幸运的女人或许并不会感到快乐，因为她间接知道原来自己是天堂中长相丑陋的女人。

　　他人对自己的态度犹如一面镜子，人们从中获知自己的形象定位，从而形成自我概念，在心理学中，这种现象被称为"镜像效应"。

　　上述故事中的第三个女人通过天堂执政者对于自己的间接评价，知道自己原来是一个长相丑陋的女人，这时便发生了"镜像效应"。

　　"镜像效应"来源于库利的"镜中我"理论。库利是美国早期著名的社会学家和社会心理学家，他认为，人们通过与其他人的交往形成自我观念，一个人对自己的认识是其他人关于自己看法的反映。人们总是借助别人对自己的评价形成关于自我的观念。也就是说一个人如何看待自己，往往是由别人对自己的态度所决定的，个体由此获得的关于自我的印象被称为"反射的自我"或"镜中我"。

　　库利的"镜中我"理论将自我意识分为3个阶段：

　　1.设想自己在他人面前的行为方式；

　　2.做出行为后，设想他人对自己行为的评价；

　　3.根据他人对自己评价的想象来评价自己行为。

　　关于自己究竟是一个什么样的人——是外向还是内向，是热情如火还是冷漠像冰，是思维严谨还是擅长粗线条思考——诸如此类的自我判断，虽然你自身可以形成一套认知体系，但是你仍会参考他人的意见。比如，如果你的老板预言你在IT行业发展，将难以出人头地，他认为你在交际方面更有天分，是一个不可多得的领域方面的潜力股，则你很可能会质疑自己目前的职业选择，甚至改弦易辙，作出更改职业方向的决定。

其实，别人并不能映照出你自己，只有自己才是最明亮的镜子。每个人的内心世界都有两面明镜，一面照他人，一面照自己。我们要学会反躬自省，每过一段时间就用照自己的那面镜子映照我们的心灵。这是成功人生的必然要求。

我们来到这个世界上，每个人都有自己所扮演的角色和应当承担的责任与义务，所以我们每个人都要牢记自己的使命，不要因他人的评价而怀疑和改变自己的信念，要不断进取，努力做最好的自己。

5

为何乡村最漂亮的姑娘被视为世界最美的人

乡村维纳斯效应：坐井观天，眼中只有一片天

上帝对一只猴子说："可怜的猴子，你在猴王争霸赛中被打败了，你面临着被赶出猴群的命运，从此你将独自流浪，不但难以找到果腹的食物，还会面临随时遭受其他猛兽袭击的危险。我实在不忍心你过着如此艰难困苦的生活，念在你虔诚向善的份上，我准备将你点化成人！"

对于突如其来的好运气，猴子连连对上帝磕头谢恩。

上帝问猴子："成人后，你第一件事最想做什么？"

猴子狠狠地说："举着一杆枪打死现在的猴王，夺回我的王位，然后拥有所有的母猴！"

猴子从未体验过人类的生活，在它看来，世界上最幸福的事情便是拥有所有的母猴，其实，人类世界的丰富性远远大于这一内容。

在偏僻的乡村，村里最漂亮的姑娘会被村民们认为是世界上最美的人——维纳斯女神。在看到更漂亮的姑娘之前，村里的人再也想象不出还有比她更漂亮的人——这便是"乡村维纳斯效应"，指的是人们在认识世界时，一旦接受了一个与事实相符的解释，由于受到自我满足思维的约束，往往就无法想象出还会有其他更好的解释。

人们在认识世界时，一旦对某个问题有了合乎逻辑的解释，就会把它当作正确的解释，由此产生了自我满足感，不想再去寻找更符合逻辑的解释。"乡村维纳斯效应"出现的原因也多是人们产生了自我满足感，放弃了对事实的进一步探寻，结果导致自己的认知局限在既定的范围内，无法有所超越。

此外，人们的认知往往会受到既有经验和知识的影响，在没有接触更多的信息源之前，他们无法想象认知结构之外的未见事物。所以他们便会以为自己所感知的世界便是全部的世界。

当发生"乡村维纳斯效应"后，人们便会以一种夜郎自大的方式与这个世界互动——如果一个人是一家公司业绩最好的销售员，便会想当然地认为自己是这个行业里的精英；如果一个人已享受到不错的薪水收入，便会认为所谓幸福的白领生活也不过如此。

人们常常受到闭关自锁、孤陋寡闻、墨守成规、自我满足而不自知的认识错觉的影响，作出片面的判断，做出了错误的行为，以致弄出不少笑话来。

20世纪六七十年代，电话尚未流行时，有人误把电话号码当成电报密码，拿到邮局去发电报。在某电影中，有人更夸张演绎过一位乡下暴发户，去城里大饭店，因不认得香皂，错把洗手间的香皂当作年糕津津有味地给吃了。

如果说心理学家关心人的心智健康，哲学家关心人的幸福程度，文学家关心人的灵魂震荡，那些把村中美女比做天仙的村民们，是不是比某些自命不凡的"城里人"更像心理学家、哲学家和文学家呢？

天外有天，人外有人，尚且不说一个普通人根本无法将足迹踏遍世界的每寸土地，即使一个人真有本事去世界的每个地方，也不能说他已见过整个世界，因为在地球之外，在整个银河星系中，还有很多未知的事物不在人类的认知之内——永远不要以为你所看到的世界便已经是整个世界。现实生活中我们一定要警惕被原有知识局限，形成先入为主地被动思考，而忽略掉原来"人外还有人，天外更有天"。

6

为什么明星总是有很多的"花边新闻"

有一位主教出访纽约前，听说很可能被采访的记者带入陷阱，所以提前做了一些准备。当他到达纽约机场后，一名记者迎面就问道："您想上夜总会吗？"主教想避开这个问题，便笑着反问："纽约有夜总会吗？"

第二天早上，关于主教出访纽约的新闻，报纸的大标题是："主教下飞机后的第一个问题：'纽约有夜总会吗？'"

对于那些不了解主教的纽约大众来说，通过这个标题，主教自然会被视为一个声色犬马之徒——报纸的标题哗众取宠，只是通过片面的信息使大众对主教进行了管中窥豹般的解读。

普希金是俄国著名诗人，当他遇到被公认为"莫斯科第一美人"的娜坦丽时，为她的美丽而心动，以至疯狂地爱上了她。在普希金眼里，一个漂亮的女人也必然有非凡的智慧和高贵的品格。然而，事实并非如此。他们结婚后，普希金每次把自己的诗读给娜坦丽听时，她总是不耐烦地捂着耳朵说："不听！不听！"相反，她却总是要普希金陪她游玩，参加晚会、舞会。普希金为了她抛弃了诗歌创作，弄得债台高筑，甚至为了她与别人决斗而失去了生命。

普希金的故事告诉我们：在现实生活中，千万不能让"一俊遮百丑"蒙蔽了我们的双眼和理智。对一个人或事物，不要急于下判断，不要以偏概全，要做全面的了解，避免"晕轮效应"的偏差。

"晕轮效应"又称"光环效应""成见效应""光圈效应""月晕效应"和"以点概面效应"，指的是在人际知觉中所形成的以点概面或以偏概全的主观印象。人们对于他人的认知判断首先是根据个人的好恶得出的，然后再从这个判断推论出认知对象的其他品质。这种由个人强烈知觉而形成的他人的品质或特点，就像月亮的光环一样，向周围弥漫、扩散，从而掩盖了他人的其他品质或特点。

"晕轮效应"最早是由美国著名心理学家爱德华·桑戴克于20世纪20年代提出的。他认为，人们对人的认知和判断往往只从局部出发，扩散而得出整体印象，即常常以偏概全。一个人如果被标明是好的，他就会被一种积极肯定的光环笼罩，并被赋予一切都好的品质；如果一个人被标明是坏的，他就被一种消极否定的光环所笼罩，并被认为具有各种坏品质。这就好像刮风天气前夜的月亮周围会出现的圆环（月晕），其实圆环不过是月亮光的扩大化而已。

据此，桑戴克为这一心理现象起了一个恰如其分的名称"晕轮效应"，也称为"光环作用"。

美国心理学家凯利对麻省理工学院的两个班级的学生分别做了一个试验。上课之前，实验者向学生宣布，临时请一位研究生来代课。接着告知学生有关这位研究生的一些情况。其中，向一个班学生介绍这位研究生具有热情、勤奋、务实、果断等项品质、向另一班学生介绍的信息除了将"热情"换成了"冷漠"之外，其余各项都相同。而学生们并不知道。两种介绍产生的差别是：下课之后，前一班的学生与研究生一见如故,亲密攀谈;另一个班的学生对他却敬而远之,冷淡回避。可见,仅介绍中的一词之别,竟会影响到整体的印象。学生们戴着这种有色眼镜去观察代课者,而这位研究生就被罩上了不同色彩的晕轮。

通过上面的故事,也可以理解为什么明星总是有那么多绯闻了,人们总是对媒体关于明星的丑闻爆料十分感兴趣,对此津津乐道,然而事实上,人们所看到的关于明星的形象都是媒体所展现给人们的那圈"月晕",或许这些故事只是媒体的断章取义,与事实的真相相距十万八千里。

在日常生活中,晕轮效应随处可见。比如,有些小青年穿着打扮花哨、怪异,上了年纪的人就会看不顺眼,就会觉得他们是没有出息的败家子;年轻人选择恋人,往往很看重外表,全然不考究人的内心,从而做出错误的选择;我们认识到一个人的好处,往往就会认为他的全部都可能是好的;认为一个人某一项决定是正确的,往往就坚信他今后也一定是正确的。

晕轮效应对人际交往有很大的影响。多数情况下,晕轮效应常使人出现"以偏概全""爱屋及乌"的错误想法,影响理性人际关系的确立。反之,晕轮效应也可以增加个体的吸引力而助其获得某种成功。

为了避免晕轮效应的不利影响,我们要善于倾听和接受他人的意见,尽量避免感情用事,全面评价他人,理性和人交往。我们也可以利用晕轮效应的有利面,在与人交往时应采用先入为主的策略,全面展示自己的优点,掩饰自己的缺点,以留给他人尽量完美的印象,扩大自己的"光环"。

猫头鹰的眼里，为什么只有月亮和星星

以偏概全的认知偏差：以个别案例推导整体结论

有位水手正准备出海远航，朋友问他："你父亲是怎么死的？"

"死于一次航海事故。"

"你祖父呢？"

"也死在海上。一次突如其来的热带风暴，夺去了他的生命。"

于是朋友劝道："那你为什么还要当水手呢？"

水手淡然一笑，反问道："你父亲是怎么死的？"

"死在家里。"

"你祖父呢？"

"也死在家里。"

"亲爱的朋友，那你为什么还要待在家里呢？"

　　水手的祖父丧生大海，水手的朋友仅因为这一点便认为航海伴随着失去性命的高风险，在这个过程中，水手的朋友出现了"以偏概全"的认知偏差。

　　以偏概全是指企图用一种特例来推出与之具有相同属性的若干事物共同特点；有时也表现为故意缩小概念外延，用部分来代替全体，是一种错误的方法。

　　艾利斯（美国临床心理学家，合理情绪行为疗法的创始人）曾说过，以偏概全是不合逻辑的，就好像以一本书的封面来判定其内容的好坏一样。

　　"以偏概全"包括两个方面的认知。

　　一是对自己的不合理评价。比如，当一个人遭受失败后，便悲观地认为自己一无是处。然而，只是单纯通过自己在一件事或者几件事上的表现来评价自己，对于自己的能力和未来作出预测，这种认知方式很可能造成自责自罪、自卑自弃的心理，让个体的情绪也变得焦虑和抑郁起来。

　　二是对他人的不合理评价，即别人稍有差错就认为对方品德不佳、一无是处等。当对人全盘否定后，个体便会理所当然地责备他人，甚至产生敌意和愤怒等负面情绪。按照艾利斯的观点，以一件事的成败来评价整个人，无异于一种理智上的"法西斯主义"。他认为一个人的价值就在于他具有人性，因此他主张不要去评价整体的人，而应以评价人的行为、行动和表现代之。

　　以偏概全是以个别案例推导出整体性的结论。有时候以偏概全也会得出正确的结论，但更多的时候是得到错误的结论。错误的结论又导致错误的行为，最终影响到我们的生活、工作、人际、事业等各个方面。

很多人都会犯以偏概全的错误，因一个人的某种作为就否定了所有人的作为。就像公鸡往往只注意到太阳，而猫头鹰则只注意到了月亮和星星，如果单纯从它们的角度，它们会认为这世界上也许只有月亮、星星或者只有太阳。这也是以偏概全。

我们不能因为吃过一次亏或者上过一次当，就认为全世界的人都不是好人；我们也不能因为在一次恋爱中受过伤害，就认为世界上所有的异性都是坏人。我们每个人看到的事实都是有限的，不能因为部分的事实就否定所有的一切。

我们要学会全面地看待问题，不能单纯地从某一个方面或者某一个角度来看问题，而且对于原来你认为的"事情原本就是这样的"，现在应该重新认知，因为"这只是我个人的看法"。

为什么明知吸烟有害你还是要吸烟

认知失调理论：错的不是我，是上帝

　　堪萨斯州的一个乡村牧师去英国访问后回到了家乡，刚下火车，他便在车站碰到了他所属教区的一个教民。

　　"我们那里出了什么事吗，希拉姆？"牧师问道。

　　"先生，不幸极了。一场龙卷风卷走了我的家。"教民回答说。

　　"亲爱的，"牧师同情地说，"知道了，但我不感到惊奇。希拉姆，你记得吗，我早就警告你，要你注意你的生活方式。恶有恶报是谁都无法回避的。"

　　"先生，龙卷风把你的家也给卷走了。"希拉姆说。

　　"是吗？"牧师说，"阿门，上帝以为我去英国不回家了。"

按照牧师的逻辑，只有那些不注意生活方式的人，他们的房子才会被龙卷风卷走。然而，牧师作为一个注意生活方式的人，他的房子也被卷走了，此时，牧师的观点和现实世界的事实便出现了冲突，为了缓和这种冲突，牧师便为自己找了一个理由——"上帝以为我去英国不回家了"——心理学中的"认知失调理论"所解释的正是这种现象。

"认知失调理论"最早由费斯廷格于1957年提出，该理论认为当两种认知或认知与行为不协调时，为了保持一致，人们将会改变自己的态度。在费斯廷格看来，所谓的认知失调是指由于做了一项与态度不一致的行为而引发的不舒服的感觉，比如你本来想帮助你的朋友，实际上却帮了倒忙，这便会让你产生内疚的情绪。一般而言，人们的态度与行为是一致的，比如你与你喜欢的人一起从事很多活动，对于那些你不喜欢的人，你则爱搭不理。但有时态度与行为也会出现不一致，比如一个人认为吸烟有害身体，暗暗告诫自己一定不要吸烟，但是有一次，这个吸烟的反对者却与同事一起吸了烟。当态度与行为不一致时，常常会引起个体的心理紧张，为了克服这种由认知失调引起的紧张，为了减少自己内心的不舒服感，这个人便为自己的吸烟行为找了一个"合理"的理由：与同事一起吸烟，有助于让自己得到他们的认同，可以为自己带来和谐的职场关系。

关于认知失调理论，费斯廷格做过一个著名实验，他让3组被试者从事重复乏味的作业1个小时，然后让第1组被试者向其他人说明作业的真实情况，让第二组和第三组被试者把作业说成有趣好玩的，第二组和第三组唯一的区别是，第二组的被试者获得了1美元，第三组被试者获得了20美元。最后，看这三组被试者对作业的态度。

实验结果显示，第一组被试者表示出最消极的态度，但是第三组被试者比第二组被试者表示出更消极的态度，实际上只有第二组被试者对作业表示出积极评价。对于第二组和第三组之间所表现出的差别，实验者认为，第二组被试者只得到了1美元，他们认为为了1美元的报酬撒谎显然说不过去，这时，第二组被试者便出现了认知失调，为了消除这种失调，第二组被试者便改变了自己对于作业的态度，对于作业给予了正面的较高评价。而第三组被试者获得了20美元，20元钱的报偿足以诱使被试者说出与自己体验相反的话，他们没有感到高度的认知失调，所以他们没有改变自己的评价，仍然认为作业十分枯燥乏味，自己只不过是为了钱而向其他人撒谎罢了。

在现实的事业选择中，有的人毕生从事的工作并不是自己喜欢的，甚至是十分厌恶的，但是他们仍然为这份工作付出了大半生的时间，其中的一个原因很可能就是这份工作薪水比较高，他们只是为了获得较高的薪水而工作，因此接受自己不喜欢的工作并不会让他们出现认知失调，由于具备高薪这个诱因，他们便会认为接受自己所厌恶的工作是理所当然的。

"认知失调"在我们的工作和生活会时常出现，如果不能正确地加以处理，就会给我们带来很多麻烦，让我们的工作和生活失去方向，陷入困境。

那么，如何才能减少、避免认知失调的负面效应呢？

一是减少不协调认知成分。二是增加协调或一致的认知成分。三是改变一种不协调的认知成分，使之不再与另一认知成分相矛盾。

以戒烟为例，你很想戒掉你的烟瘾，但当你的好朋友给你香烟的时候你又抽了一支，这时候你戒烟的态度和你抽烟的行为产生了矛盾，引起了认知失调。你可以采用以下几种方法减少由于戒烟而引起的认知失调：

1.改变认知的重要性让一致性的认知变得重要，减少不协调认知成分。（放松和保持体型比担心30年后患癌更重要）。

2. 如果两个认知不一致，可以通过增加更多一致性的认知来减少失调。（吸烟让我放松和保持体型，有利于我的健康）。

3. 改变一种不协调的认知成分，使之不再与另一认知成分相矛盾。（我喜欢吸烟，我不想真正戒掉）。

消除由于徒劳的努力引起的失调感是较为困难的，有时我们不妨对已有的事实作少许让步。比如说，找些看上去还说得过去的理由为已存在的开脱，或是简单地承认在这次活动中有些小的失误，以此来缓解心中的失调感。

9

小心！你的记忆可能已经欺骗了你

证人的记忆错觉：所有的记忆都有可能会出现偏差

一位法律系学生到法院实习，审判一件杀人案，他指着凶器问被告："你见过这把刀吗？"实习生反复向被告交代了政策，可被告仍然矢口否认。退庭后，实习生回忆这次审判，觉得自己态度不够严厉，缺乏威慑力。于是，第二天开庭时，他紧皱双眉，圆睁双目，拍着桌子厉声问道："说！见过这把刀吗？"

"见过。"被告低声回答。

实习生认为自己的威慑力发挥了作用，他又拍了下桌子，问道："说！什么时间？什么地点？"

"昨天，这里。"被告哆哆嗦嗦地答道。

人们总是试图寻找真相，在法庭上，证人几乎等同于事实的真相，然而由于人们常被记忆机制所捉弄，证人所提供的自以为是的真相其实也只是记忆开的一个玩笑。

在刑侦电视剧中，人们常会看到证人在法庭上这样起誓："我以我的人格及良知担保，我将忠实履行法律规定的作证义务，保证如实陈述，毫无隐瞒。如违誓言，愿接受法律的处罚和道德的谴责。"因此，对于"证人"这个字眼，人们便把其解读为提供客观证据的人，当然被利益集团和个人所收买的作伪证的人除外。然而，心理学研究证明，很多证人提供的证词并不太准确，或者说具有个人倾向性，带着个人的观点和意识。

心理学家洛夫特斯和同事对目击证人的记忆进行了研究，他们发现，目击证人对于所看到信息的记忆很容易被事后信息所歪曲。在一项研究中，他们给被试者看一个关于车祸的电影，然后让被试者估计车的行驶速度。对于第一组被试者，实验者进行如下提问："当两辆车相撞时，它们开得有多快？"当这样提问后，这一组被试者估计车速超过了40千米/小时；对于另外一组被试者，实验者这样问被试者："两辆车接触时，它们开得有多快？"结果，这一组的被试者给出的答案为"30千米/小时"。大约一个星期后，实验者分别问两组被试者："你是否看到了玻璃碎片？"事实上，影片中根本没有玻璃碎片出现，然而，结果却很让人诧异——第1组的被试者有1/3的人声称他们看到了碎片，第2组被试者只有14%的人说他们看到了玻璃碎片。这项实验证明，看到事件后的信息对于目击证人的报告有潜在影响。

此外，另有心理学家研究证明，证人对他们证词的信心并不能决定他们证词的准确性。

心理学家珀费可特和豪林斯让被试者看一个简短的录像，是关于一个女孩被绑架的案件。第二天，让被试者回答一些有关录像内容的问题，并要求他们说出对自己回答的信心程度，然后做再认记忆测验。

接下来，使用同样的方法让被试者回答一些一般知识问题，这些问题来自百科全书和通俗读物。

珀费可特和豪林斯发现，在证人回忆的精确性方面，那些对自己的回答信心十足的人实际上并不比那些没信心的人更高明，但对于一般知识来说，情况就不是这样，信心高的人回忆成绩比信心不足的人好得多。

对于上述实验，心理学家给出了如下解释。通常来说，人们对于自己在一般知识上的优势与劣势有自知之明，这是因为一般知识是一个数据库，在个体之间是共享的，它有公认的正确答案，所以被试者可以自己去衡量。

比如，人们会知道自己在体育问题上是否比别人更好或更差一点。但是，目击的事件不受这种自知之明的影响，比如，从总体上讲，人们不太可能确切知道自己的头发颜色比记忆中的某个人的头发颜色更好还是更差。

即使证人在法庭上主观认为他们已经提供了事实的真相，但是某些时候，这种真相已经是被证人的记忆所加工过的"伪真相"。因此，我们不偏信证人的一面之词，要通过多方面的途径，多调查多考证，去伪存真，才能从证人的证词中得出真实的信息。这一原则同样适用人际交往、决策、管理等场合。

10

为何被降薪的职员，总认为是公司过河拆桥

归因谬误：把问题和原因都推到别人头上

雨后，一只蜘蛛艰难地向墙上那张已经支离破碎的网爬去。由于墙壁潮湿，每当它爬到一定高度，就会从高高的墙上掉下来。它一次次不停地往上爬，一次次地掉下来……

这时正好有三个人经过这里。

第一个人看到了，他说："这只蜘蛛真蠢，从旁边干燥的地方就能爬上去，我以后可不能像它那样愚蠢。"于是，他开始聪明起来。

第二个人看了，他立刻被蜘蛛这种不屈不挠、屡败屡战的精神打动了，并从中得到启发，对自己说："我要像蜘蛛那样顽强。"于是，他变得顽强起来。

第三个人看见了，他叹了口气，自言自语道："我一生不正如这只蜘蛛吗？忙忙碌碌而一无所得，有什么意思呢？"于是，他变得日渐消沉。

为什么这只蜘蛛会不断地往上爬？为什么三个人对蜘蛛的态度有这么大的差距？

　　对于生活中的很多事情，人们一定有很多疑问，比如为什么我没有像某个大学同学一样成功？为什么至今没有遇到心仪的对象？为什么某个同事似乎比我更能讨上级的欢心？人们在产生疑问后，总是试图去分析某些行动、事件或后果的可能原因。

　　假如我们对人一生中所说的频率最高的话做一个总结，那么"为什么"一定是其中出现频率最高的。原因是人类天生就有追求事物发展精确性的需求，这是我们人性中天生的一部分，谁也无法摆脱。

　　在心理学中，关于"为什么"的问题有一个专业名词，叫做"归因"，也就是我们常说的"找出问题的原因"。奥地利社会心理学家F.海德在其1958年出版的《人际关系心理学》中首先提出归因理论。

　　归因理论指出，如果某个因素一旦出现就会看到某个行为，该因素不出现就看不到这个行为，那么人们就会把该因素归结为该行为的原因。比如，你与你的朋友一起出游，迎面走过来了一匹马，你的朋友指着马大声尖叫，你便要确定是朋友精神出现了问题，还是因为危险正在临近。

　　当人们试图解释某个人的行为时，人们要就三方面的有关信息来评估协变：区别性、一贯性和一致性。

　　区别性：该行为是否是特定情境下的具体行为——你的朋友是否对所有的马都大喊大叫？

　　一贯性：指行为是否反复出现以回应这一情境——这匹马过去是否让你的朋友大喊大叫？

　　一致性：指其他人是否在同样情境下也产生同样的行为——每个人都指着马并大喊大叫吗？

归因一般分为内部归因和外部归因：内部归因，指存在于个体内部的原因，如人格、品质、动机、态度、情绪、心境以及努力程度等个人特征；外部归因，是指行为或事件发生的外部条件，包括背景、机遇、他人影响、工作任务难度等。

试想一下，在某一个交通拥堵的早晨，当你发现一辆小车是造成拥堵的罪魁祸首时，你通常会有什么样的反应？恐怕大部分的人都无法抑制心中的愤怒，都会倾向于认为，小车的司机有问题，因为他的某种不恰当的行为，使大家忍受着上班迟到而被扣奖金的可能，这个人会在瞬间被我们定义成一个自私、冷漠、不为别人考虑的家伙。

心理学家发现，当我们对别人的问题进行归因时，外部的因素很容易被忽略。如前面提到的小车司机，很有可能他是遇到了主观所无法克服的情况，不得已才造成了堵塞。

有意思的是，当同样的事情发生在我们自己身上时，情况可能就恰恰相反了。被降薪的人大多会认为公司"过河拆桥"，而很少立刻从自己身上找原因。这是因为当人的自尊受到威胁时，我们会本能地采取自利归因的方式，也就是把降薪的原因归结为外部因素（比如经济不景气），因为承认自己的能力逊于其他同事，对我们的自尊是一种打击。但是，当我们获得加薪的奖励后，我们又会本能地将加薪的原因归结为是自己的能力比别人强。

当看到某个人比我们成功后，我们便会将其所获得成就归结为好运气，不知不觉地作出外部归因。

只依据外因，或是只依据内因来看待判断问题和事情的性质都是片面的、有失偏颇的。只有将内因和外因结合起来进行分析考虑，才能看清问题的实质，作出对事情的正确判断。

11

你不是认为自己很聪明，就是认为自己很愚笨

杰克和艾马是相邻两家的孩子，他俩从小就在一起玩耍，杰克是个聪明的孩子，学什么都是一点就通，他知道自己的优势，自然也颇为骄傲。艾马的脑子没有杰克的灵光，尽管他很用功，但成绩却难以进入前十名，与杰克相比，他从心里时常流露出一种自卑。然而，他的母亲却总是鼓励他："如果你总是以他人的成绩来衡量自己，你终生也不过只是一个'追逐者'。奔驰的骏马尽管在开始的时候总是呼啸在前，但最终抵达目的地的，却往往是充满耐心和毅力的骆驼。"

聪明的杰克自诩是个聪明人，但一生业绩平平，没能成就任何一件大事。而自觉很笨的艾马却从各个方面充实着自己，一点点地超越自我，最终成就了非凡的业绩。杰克愤愤不平，以至郁郁而终。他的灵魂飞到了天堂后，质问上帝："我的聪明才智远远超过艾马，我应该比他更伟大才对，可为什么你却让他成为人间的卓越者呢？"

　　上帝笑了笑说："可怜的杰克啊，你至死都没能弄明白：我把每个人送到世上，在他生命的'褡裢'里都放了同样的东西，只不过我把你的聪明放到了'褡裢'的前面，你因为看到或触摸到自己的聪明而沾沾自喜，以至误了你的终生！而艾马的聪明却放在了'褡裢'的后面，他因看不到自己的聪明，总是在仰头看着前方，所以，他一生都在不自觉地迈步向上、向前！"

　　很多人将成功归结于禀赋，认为世界上的成功人士之所以能够成功，是因为他们都有高于普通人的智商。事实真的如此吗？

　　对高智商人群的跟踪调查显示，他们虽然平均的学习成绩和工作成就会略高于普通人，但绝大多数人并没有非常突出的学习成绩或工作成就。

　　根据1999年2月22日《法国医学日报》上公布的对145个高智商的人近15至20年的追踪调查结果：其中40%的人达到大学专科和专科以上学历，9%的人高中毕业后没有继续深造，而高达43%的人仅读了一般的技术专科学校。也就是说大部分高智商的人并未达到一般意义上的成功，他们的职业和学业水平都只能算是很一般。此调查还发现只有1/4的高智商的人能适应普通的学校生活，其中又有少数能取得令人满意的学习成绩，不给老师家长造成压力。而剩下的高智商孩子从小就是令家庭和学校头疼的问题孩子。

　　我们细心观察就会发现，很多成功人士智商不一定很高，新东方的创始人俞敏洪高考三年才考上北大，你能说他智商高？阿里巴巴创始人马云也是同样的情况。你能说他们不是成功人士吗？成功的人不一定都高智商，大多数人的成功是通过其刻苦的努力和奋斗来造就的。俞敏洪、马云通过几十年如一日的不断学习、刻苦努力，才能达到今天的成就。

　　NBA球星算不算成功的人？整个世界前500位顶尖的球员才有资格去NBA打篮球，这样的人还不算成功吗？那么你认为NBA球星智商高么？有可能他们的智商还没有你的高，但是你挡不住人家运动能力强，再加上他们自己不断刻苦训练，才会成为世界级的球员。

　　一个人的事业成功与否和智商是有一定的关系，但是并不代表具有高智商的人就一定会成功。有很多成功的人，不会拥有太高的智商，社会上90%的人智商都差不多。要想获得成功光有聪明的头脑是不够的，还需要我们有谦逊好学的美德、坚持不懈的意志和不怕艰难困苦的精神。

每一个人都应该永远记住这个真理：只有不断学习、不断进取、不断超越自我的人，才是一个真正的聪明人、一个真正的成功者。人生在世，每个人都有自己独特的禀性和天赋，每个人都有自己独特的实现人生价值的切入点。

你只要相信自己，按照自己的禀赋发展自己，不断突破心灵的绊马索，你就不会忽略自己生命中的太阳，书写属于自己的人生辉煌。

12

你认为的神秘"天机"，是经过精心策划的

策略欺骗：神智妙算，不过是在故作高深

有一个算命道士，对于占卜吉凶、推演因果很有一套。有一次，有3个书生进京赶考，听说道士算命非常灵验，便一同前去找他。他们虔诚地向道士说："我们三个此番进京赶考，劳烦道长算一算谁能考中？"

道士眼都没睁，嘴里煞有介事地叨念了一会儿，向他们伸出一个手指，却只字未说。三个考生莫名其妙，有个考生着急地问道："我们3人谁能考中？"道士还是一言不发，依旧伸出一根手指，算是回答。三个考生见道士迟迟不肯开口说话，以为是天机不可泄露，只好悻悻地走了。

3个考生走后，道士旁边的小道童好奇地问："师父，他们3人到底有几个能考中？"

道士胸有成竹地说："中几个都说到了。一只手指可以表示他们中的一个人中，可以表示只有一个不中，还可以表示三个人一齐中，当然也可以表示一个人都不中。"

小道童恍然大悟。

上述案例中，道士知道自己的一个手势便能将可能的四种结局都概括了，事实上这种策略是很多"未卜先知者"惯用的手法，这就涉及博弈论中的策略欺骗。

在博弈活动中，参与者之间往往对自己和对方的优势和劣势都了如指掌，而且往往会想方设法地加以利用，把弱点作为突破对方防线的重点。正因如此，也就提供了策略欺骗的基础。

因此在现实博弈中，参与者都会想方设法地去猜测对手的策略，以图打破平衡。基本策略是：先随机出招，维持一个平局的局面，同时尽量从对方的行动中寻找规律，当捕捉到这种规律时就利用它。但是如果博弈双方都采用这种保守策略，博弈将永远维持在平衡状态，必须有一方首先出击，从而诱使对方也走出堡垒，这时才能开始一场真正的斗智。

一个善用策略行动的人，既要有自知之明，更要能利用对手对自己习惯及固有特点的了解，出其不意，把对手诱入局中。不过最重要的是，我们应该在生活中合理利用其中的策略。

世事如棋。每个人如同棋手，其每一个行为如同在一张看不见的棋盘上布一个子，精明慎重的棋手们相互揣摩、相互牵制，人人争赢，下出诸多精彩纷呈、变化多端的棋局。棋手之间的博弈，很大程度上都是心与心的较量，充满了影响与反影响，操纵与反操纵，只有保持清醒的意识，眼观六路，耳听八方，才能在错综复杂的相互影响中得出最合理的策略。

所有的桥牌手都有过这样的经历：当你坐庄打三家时，防守方一上来就奔吃一门五张套，定约一下，眼看着手上的赢墩拿不到，正在懊恼牌叫得不好，慌急之中又乱了方寸，被防守方乘机切断了你的交通，唾手可得的八墩牌，现在仅拿到六墩。

坏消息常常影响情绪，轻则失望，重则沮丧，都会使你神不守舍，影响竞技水平的发挥。

当然，更多牌手在实战中培养了自己坚韧的性格，始终保持着清醒的头脑，克制情绪，对意外的打击安之若素，柳暗花明也很常见。

一次混双大赛，一位牌手因叫牌失误抬高了定约，正在懊悔不已，担心搭档责备时，搭档却似乎置身"事故"之外，经过一番思考之后，竟然打出了只有在书上才看到过的双紧逼打法，成功地完成了定约，挽回了损失不算，还获得了意想不到的高分。

当一方搭档陷于危难之中时，搭档仍不动声色，力挽狂澜，令人敬佩。令人难忘的不只是那次比赛的胜利，而是搭档在桥战中表现出的那种临危不乱的大将风度。

如果一遇叫牌失误便乱了阵脚，便不会有最后的胜利。相反，有条不紊地攻防可令对手误以为对方点力与叫牌约定非常协调。

不要轻易亮出底牌，直到最后一刻。这是人际交往、商业竞争中重要的生存原则！

13

对看似不可思议的警告，千万不要掉以轻心

忽视概率偏误：任何不可能发生的事，都有发生的可能

　　在美国，所有的灯泡包装纸上都印着这样一句警告："不要把灯泡放进口中！"是不是有点搞笑？有谁会神经病地把灯泡塞进嘴里？有一天，杰克和朋友谈到这个问题。朋友突然很认真地告诉杰克，有本书上也这么说，原因是灯泡放进口中后便会卡住，无论如何都拿不出来。

　　但对此杰克十分怀疑：杰克认为灯泡表面十分光滑，如果可以放进口中，证明口部足够大，因此理论上也应该可以拿出来。回到家中，杰克拿起一个灯泡左思右想，始终觉得自己的想法没错。本着"大胆假设，小心求证"的精神，杰克决定证实一下。为此杰克专门买了一瓶食用油，以防卡住拿不出来。一切就绪后，杰克把灯泡放进口中，不用1秒钟灯泡便滑入口中，照这样看，要拿出来绝无问题。接着，杰克轻松地拉了灯泡一下，然后再加点力，又把口张大一些，天呀，真的卡住拉不出来了！好在还有瓶油……

　　30分钟后，杰克倒了四分之三瓶油，其中一半倒进了肚子，可那灯泡还是动也不动。杰克只好打电话求救，号码

才摁了一半，才记起口中有个灯泡如何说话？只好向邻居求助，杰克写了张纸条便去找邻居帮忙，她一见杰克就狂笑，笑得弯下腰还流口水。半小时后，她还是挣扎帮杰克去叫了"的士"。司机一见，也笑的前仰后合。在车上他不停说杰克的口太小，还说如果是他，就没问题。他的口真是大，但杰克好想告诉他，无论如何不要试。

在医院，杰克被护士骂了十多分钟，说杰克浪费她的时间。那些本来痛楚万分的患者，见了杰克都好像没病了，人人开怀大笑。医生把棉花放进杰克口中的两旁，然后轻轻把灯泡敲碎，一片片拿出来。最后，医生告诉杰克，下回不可再试，杰克告诉他再也不试了。医生想地球上一定再也没有像杰克这么白痴的生物了。

当杰克打开诊室的门，要离开医院时，迎面来了一个人，正是刚才那位司机，他口中正含着一个灯泡……

上述故事中的杰克犯了忽视概率错误，他想当然地认为包装纸上的警告只不过是开玩笑，冒冒失失地将灯泡吞进口中，结果真的如警告所说的，为此他差点丢了性命。

医生警告人们："频繁放屁显示身体有毛病！"放屁是人体在排除废气，是一种很正常的生理现象，频繁放屁不过是偶尔的情况，有什么大惊小怪的？然而过于频繁地放屁，有时也是身体发出的警告。美国《预防》杂志医学专家通过研究总结出了频繁放屁的三个原因：

一是吃饭太仓促。如果你吃饭的速度太快或边聊天边吃饭，就有可能吞咽下大量的空气。产生了较多的气体。这些气体，随同肠蠕动向下运行，由肛门排出。排出时，由于肛门括约肌的作用，有时还产生响声。放屁过多过臭，则为一种异常现象。

二是细菌失衡。细菌会对食物进行发酵。这一过程发生在结肠里，但有些结肠细菌由于过度生长而进入小肠。因此，食物被消化前，就与细菌发生了接触，生成了气体。有些人患肠胃炎后，肠道内的菌群组成发生变化，肠道内细菌失衡，也会排气增多。

三是便秘。当粪便在肠道中无法移动时，人们会感到自己排气更多，这是因为粪便主要是由细菌构成的，细菌在人体系统内堆积的数量越多，发酵后排放出来的气体也就越多。此外，有些人虽然排气量不比别人多，却更为敏感，比较容易腹胀、胀气等。

放屁突然变得很频繁，不要再掉以轻心了，那是身体给出的严重警告！生活中的各种小细节大家都还是需要多注意的，能够及时发现自己的身体异常，做出及时的检查，健康才不会离你远去。

凡事都有发生的可能。对于那些看起来不可思议的警告，不要掉以轻心。只有你身陷其中的时候，才会感觉到那些忠告的宝贵。

14

你的一片同情心，往往会害死人

有一天，一只小猴子在森林中，不小心被树枝戳伤了胸部，于是它捂住伤口摇摇晃晃地回家。一路上遇到其他的猴子就出示伤口，以博取它们的同情。猴子们为了表示关怀，也都拨开它的伤口，仔细地检视，并且七嘴八舌建议它如何治疗，于是原来的小伤口逐渐变成了大伤口，并且严重感染了。

就在小猴子奄奄一息时，其他的猴子为了表示友爱，纷纷跑来看它，再三拨开伤口检视，甚至希望它恢复活力，抱着它胡乱蹦跳。经过这三番两次地折腾，小猴子承受不了，终于气绝身亡了。其他的猴子不相信它竟因如此小伤而死，一再拨弄它，希望能使它起死回生，一直到小猴子的尸体发臭，才黯然地把它埋葬了。

这个故事中，我们清楚地看到了猴子们一次次拨开伤口去检视的过程其实并不是所谓的同情同伴，而是伤害同伴，我们不能去怪猴子，因为他们毕竟是动物。那我们人呢，我们不也常常干出这样愚蠢的事情吗？换一个思考的角度，我们在受伤的时候真正需要的是什么？是同情吗？不是！我们需要的是能够加快伤口愈合的办法，这才是解决问题的根本。

小猴子枉死的故事启发人们，同情并不都是有益的，不顾对方的感受施予同情，同情泛滥，不仅不能产生正向的效果，反而会给对方带来伤害。

"人之初，性本善。"人们都有同情弱者的心理，同情是人类最基本的道德观念，也是人类的优良品质、是人类善心的表现。比如身边的老人、小孩有困难，大家都会伸出援助之手。人与人之间如果没有对弱者的同情，人类就会自相残杀，弱者终将会被强者毁掉，那么充满爱的社会和家园将不复存在。

但是物极必反，凡事都有个限度，过度的同情却在无形中给别人造成了伤害。有人不忍蚕受破茧之痛，用剪刀帮助它们，但蚕却死于人的同情心。所谓"好心办坏事"说的就是这个道理。

同时，过度的同情容易让人误会。你有同情心是好事，说明你心地很善良，但要是同情心太过了的话，会给别人一种压力，让人觉得很自卑，觉得自己最不堪的一面被你看见了，以后见面会觉得很尴尬。也许你自己并没有恶意，但是你的同情会让他人的自尊心受到践踏，好像自己真的很可怜似的。

另一方面，对于那些不思进取只懂抱怨的人来说，你的同情既助长了对方认为自己是环境受害者的意识，从而变得更有理由不思进取，同时对方也不会珍惜这因来得太容易而廉价的同情。因此，你的同情只能是愈发害了他。

过度对别人释放自己的同情心，过度地帮助别人，对别人没有好处，对自己更没好处。生活中我们常常无私地帮助别人，刚开始别人会感谢你，但是时间一长别人对你的同情和帮助习惯了，只会得寸进尺地让你帮助他，从而经常编各种理由使你感觉到他们有困难，让你帮他们做事情。这些人以后无论和什么人相处，都只会自私地让别人去帮助他。因为这些人懂得了利用别人泛滥的同情心帮助自己，但伤害了别人。

更有甚者，有的人恩将仇报，不仅不感谢你的帮助，还会攻击你、伤害你。农夫温暖了冻僵的蛇，却被蛇恩将仇报，至死都悔恨自己的同情心。

在不对的时候出现的同情心会害人，过度的同情无论是给自己还是给他人带来的都只是伤害，所以有时候同情也要适量。

15

最公正的上帝，为什么也有肤色歧视

刻板印象错觉：以固定印象作为评价他人的依据

苏联社会心理学家包达列夫在一次实验中，将一个人的照片分别给两组人看，照片的特征是眼睛深凹，下巴外翘。包达列夫向两组人提供了截然相反的介绍，他告诉甲组"此人是个罪犯"，对乙组则说："此人是位著名学者"，然后，请两组人分别对此人的特征进行评价。

此时，出现了非常有趣的现象。甲组人认为，此人眼睛深凹表明他凶狠、狡猾，下巴外翘反映其顽固不化的性格；乙组人则认为，此人眼睛深凹表明他具有深邃的思想，下巴外翘反映他具有探索真理的顽强精神。

针对同一张照片的面部特征，为什么会出现如此迥然有异的评价呢？包达列夫通过进一步的研究，认为这是因为人们对社会各类人有着一定的定型认知——把他当罪犯来看时，自然就把其眼睛、下巴的特征归类为凶狠、狡猾和顽固不化，而把他当学者来看时，便把相同的特征归为思想的深邃性和意志的坚忍性。

上述实验揭示了人们在待人接物中普遍存在的一个心理误解——刻板印象偏见。

刻板印象指的是人们习惯用刻印在自己头脑中的关于某个人、某类人的固定印象，作为判断和评价他人的依据。

刻板印象偏见的例子在我们日常生活中比比皆是。

一对年轻人，彼此感情很好，爱得好好的。但女方父母对这个小伙子有成见，总认为他华而不实，硬是左挑右挑。结果，好端端的一对被拆散了。

某员工工作能力强，业务突出，提拔应不成问题。但领导对他抱有偏见，一直受不到重用。最后也只能做一匹拉小货的千里马。

当一个仪表堂堂、衣着潇洒的人开口骂人时，你会感到吃惊，难以接受这一现实。

爱吃水果的朋友，也许会有这样的一种感觉，他们爱买黄皮橘子而不乐意买青皮橘子，尽管这两种橘子一样甜、一样好吃。因为在他们的印象中，青皮橘子是未成熟的和酸的，等等。

人们普遍认为男性是有抱负的、有独立精神的、富有竞争性的；女性是依赖性强的、温柔的、软弱的；老年人是保守的，年轻人是爱冲动的；北方人是豪爽的，南方人是善于经商的；农民是质朴的，商人是精明的；英国人是保守的，美国人是热情的，等等。

探究刻板印象的本质，可以发现其实它来自人们的认知偏见，人们对不同的人进行分类，然后产生了不同的固化印象，在这种印象的影响下，对不同的人群产生了不同的态度和行为倾向。

一天，一个白人小朋友不幸去世了。他在天堂见到上帝后，上帝说："小朋友，你真可爱，给你一双翅膀去当天使吧！"随之一个黄人小朋友也来到了天堂，上帝说："小朋友，你真可爱，给你一双翅膀去当天使吧！"后来有一个黑人小朋友去世了。他到了上帝面前，上帝说："小朋友，你真可爱，给你一双翅膀去当蝙蝠吧！"

从社会地位的角度来看，天使的地位比蝙蝠的更高一些。上帝为白皮肤小朋友和黄皮肤小朋友安排了天使的角色，对于黑皮肤小朋友，则安排了蝙蝠的角色，这自然与上帝的刻板印象有关：黑色人种不如白色人种和黄色人种更高贵、更具备较高的智力水平。被视为最公正的上帝为不同肤色的小朋友安排不同的命运，其实也是犯了刻板印象偏见的错误。我们也常会受限于既有的刻板印象，从而用刻板印象的信息来决定自己的行为。

由于刻板印象建立在对某类成员个性品质抽象概括认识的基础上，反映了这类成员的共性，有一定的合理性和可信度，所以它可以简化人们的认知过程，有助于对人迅速作出判断，增强人们在沟通中的适应性。但它也容易阻碍人们对于某类成员新特性的认识，使人认识僵化、保守，一旦形成不正确的刻板印象，用这种定型去衡量一切，就会造成认知上的偏差，如同戴上有色眼镜去看人。

但是，"人心不同，各如其面"，刻板印象毕竟只是一种概括而笼统的看法，并不能代替活生生的个体，因而"以偏概全"的错误总是在所难免。因此我们不能仅凭刻板印象去评判一个人，要避免刻板印象的影响，从多个方面、多个角度去认识和评判他人，才能作出对他人的正确而公允的评价。

要消除刻板印象所造成的认知偏见，一是要善于用"眼见之实"去核对"偏听之辞"，有意识地重视和寻求与刻板印象不一致的信息。二是深入到群体中去，与群体中的成员广泛接触，并重点加强与群体中有典型化、代表性的成员的沟通，不断地检索验证原来刻板印象中与现实相悖的信息，最终克服刻板印象的负面影响而获得准确的认识。

16

女人为什么崇尚"干得好不如嫁得好"

共识偏见：把自己的认识强加给别人

有一天，警察接到了一个电话，对方的声音非常急切："先生！救命！快救命！"

接线先生说："小姐！你慢慢说，到底发生了什么事情？"

那个声音尖叫道："有一只猫爬到我们家了！"

接线先生安慰道："小姐，一只猫爬进来不是很大的问题。"

"不行！不行！这猫很危险！很危险！"

接线先生耐心地劝说："猫真的不危险……小姐，您到底是谁？"

对方回答："我是鹦鹉！我是鹦鹉！"

在警察看来，猫是没什么杀伤力的，但是对于鹦鹉而言，猫却可能夺去它的性命——警察把自己对于猫的看法强加给鹦鹉，用心理学的观点来看，这便是一种"共识偏见"。

所谓的"共识偏见"，简单地说，就是人们不自觉地把自己的认识强加给别人的认知倾向。比如，A非常害怕孤独，她认为一个人过日子是一件非常恐怖的事情，因此她在23岁时便嫁给了一个自己不喜欢的男人，B则是一个奉行独身主义的女性，她在30岁时事业有成，但是却孑然一人，身边没有可以依赖的伴侣。当A遇到B后，A就会觉得B非常可怜，因为她认为"女人干得好不如嫁得好"，然而B却会认为A的人生十分无趣——没有事业，没有爱情，就像行尸走肉一样。总之，A和B都是以自己的价值观去认知对方的处境，以致对对方的真实心理和情绪现状作出了不客观的判断。

在现实生活中，人们时常会产生共识偏见误差，人们用自己意识世界的规则去解释别人的世界，以致给对方做出了类似"像笨蛋一样""十足的傻瓜""毫不理性"的负面论断。比如，一个人欣赏了一部电影，电影里的主人公是一个投资高手，他在赚取了亿万财产之后却千金散尽，将它们全部捐给了慈善机构，自己则隐姓埋名，在一个不知名的小村落里过着简单的生活。欣赏电影的这个人此时正在汲汲于声名和财富，对于身居简陋房屋的生活感到痛苦不堪，因此很可能他会对主人公的选择做出如下判断：他的脑袋一定坏掉了！

克服共识偏见的方法，一是保持理性，不轻易下结论，力求客观全面地看待他人和事物。二是可以通过辨别和表达清楚你个人的假设来避免。比如当你开展一次用户调查或进行一次小组测试时，问问你自己："这个问题的反馈结果会是怎么样的？"你写下来的答案就是你的假设。更好一点的办法是，让你的朋友或同事听你描述产品，然后写下他们听到的假设和意见。一旦你意识到自己的看法不对时，可以重新设计一下反馈过程，以确保你不会倾向于自己的观点。当你把假设摆在面前时，尝试去想你的每一个假设都是错的，如果是这样的话，哪一个假设会对产品的成功带来巨大的风险呢？哪些会让用户普遍感到不满意呢？为你的用户叫板这些有风险的假设性问题。

就像确认偏见一样，收集来自广泛用户群体的反馈意见是非常重要的。要确保你不只是在调查那些与你紧密合作或者和你有类似背景的人。这类人会分享一些和你类似的观点和偏见，从而加强你们的虚假共识偏见。

17

你没有自己所想象的那么有先见之明

后视偏见："事后诸葛亮"的马后炮错误

墨菲神父走进一家酒吧，他问一个正在喝酒的人："你想去天堂吗？"

对方回答说："是的，神父！"

神父说："既然如此，那就立即离开这家酒吧！"

接着，神父又问第二个人："你想去天堂吗？"

"当然，神父。"第二个人回答。

"那么就离开这个撒旦的巢穴！"神父说。

随之，神父走向杰克，同样问道："你想去天堂吗？"

杰克回答："不，神父。"

神父非常诧异，他瞪着杰克说："你是说你死以后不想去天堂？"

杰克笑了："哦，我死了以后，我当然想去天堂。不过，刚才我还以为你现在就要带一批人走呢！"

在神父尚未与杰克交谈前，杰克并没有正确理解神父的意图——这种认知模式可以说是"后视偏见"的反映。

人们往往会认为自己在事情发生时就可以预测到结果，其实他们未必可以如自己想象的那样准确地作出预测，这就是关于认知的"后视偏见"，也就是人们常说的"马后炮"。

不妨看看，在你的周围，常会出现这样的人，他们洋洋自得地向你炫耀自己如何料事如神："其实我早就料到最近一段时间某某公司的股票会大涨""某某刚刚谈恋爱时，我就知道那段感情长不了""房价的上涨趋势全在我的预料之内"……当然，你也可能在不自觉的状况下，"事后诸葛亮"般炫耀自己具有先知之明。

当人们产生"后视偏见"后，对其认知世界、获取经验、建立和谐的人际关系有非常大的负面影响。

其一，如果一个人认为很多事件的结果都在自己预料之内，他便不会从中吸取经验。比如，当一个人所投资的股票出现暴跌后，如果他认为自己当初已经预知到这个结果，只是因为反应迟钝而没有卖出手里的股票，他便不会仔细分析自己投资失误的真正原因所在。

其二，如果一个人对自己的预知能力产生崇拜，甚至认为自己可以提前预测出他人的行为，这样便很难获得和谐的人际关系。举个例子，一天，你的朋友很沮丧地向你倾诉，告诉你对方遭遇了裁员危机，很可能面临失业的危险，如果你过于高估自己的预知能力，不屑地对对方说："我早就知道你们公司很难度过金融危机，当初你加入这家公司时，我就觉得非常不妥。"面对这种说辞，很可能的结果是，你的朋友再也不对你真心，因为你在炫耀自己的预知时，无形中侮辱了对方的思维认知能力。

当然，更恶劣的事实是，其实你往往没有自己所想象的那么有先见之明，这不过是一种认知偏见罢了。

　　改变"后视偏见"的最简单易行的方式之一是，当一些重要的事情发生时，在你不知道事情结果的情况下，先把你的判断写下来，并阐述你判断的依据所在——你的记忆常常会欺骗你，当你在没有文本证据的情况下回忆事实时，你只会记起那些与事情的结果相符合的证据，那些不相符的证据则被你自动略过了。

18

为什么总有人让你无缘无故地感到讨厌

投射效应：以小人之心，度君子之腹

有一个老人给上帝写了封信——

亲爱的上帝：

我即将走到生命的尽头，医生说我得了绝症，只有几个月可活了。我这辈子除了倒霉，什么也没有得到。但我从来对您都是十分信奉的。看在我对您如此虔诚的份上，您能满足我一个小小的请求吗？为了证明您的存在，请寄给我100美元现金，那我死也会死得高兴。

后来，信被送到了当地邮局，邮递员们发现，这封信的地址是"天堂"，收信人是"上帝"，他们都认识写信的这位老人，所以很想知道老人到底有什么苦衷，便擅自打开了信。他们含着眼泪读完这封信，十分同情老人，决定捐款给他。他们很快凑足了90美元并寄给了老人。老人收到钱后十分高兴，马上写了一封感谢信给"上帝"。

邮递员们收到回信后，聚在一起看。只见信里写着——

亲爱的上帝：

感谢您在百忙中抽出时间来满足我的请求，我现在已经非常高兴了。

　　附：我只收到了100美元中的90美元。我敢打赌，一定是邮局那帮坏蛋把另外10美元给私吞了……

老人的行为是典型的"以小人之心，度君子之腹"，按照心理学的解释，这便是一种"投射效应"。

所谓"投射效应"，是指以己度人，认为自己具有某种特性，他人也一定会有与自己相同的特性，把自己的感情、意志、特性投射到他人身上并强加于人的一种认知障碍。在人际认知过程中，人们常常假设他人与自己具有相同的特性、爱好或倾向等，常常认为别人理所当然地知道自己心中的想法。例如，一个心地善良的人会以为别人都是善良的；一个惯于算计他人的人就会觉得别人也在算计他，等等。

大文学家苏东坡也曾经被"投射效应"捉弄过。

苏东坡和佛印和尚是好朋友。一天，苏东坡去拜访佛印，与佛印相对而坐。苏东坡对佛印开玩笑说："我看你是一堆狗屎。"对于苏东坡的冒犯之语，佛印非但没有生气，还微笑着说："我看你是一尊金佛。"苏东坡觉得自己占了便宜，很是得意。回家以后，苏东坡得意地向妹妹提起这件事，苏小妹说："哥哥你错了。佛家说'佛心自现'，你看别人是什么，就表示你看自己是什么。"

在人际相处时，"投射效应"有如下三种表现：

1. 相同投射。在与陌生人交往时，因为相互不了解，"相同投射效应"很容易发生，通常在不知不觉中就已经从自我出发作出判断。自己感到热，以为别人也闷热难耐，以致客人来了就打开冷气空调；自己喜欢喝酒，招待客人就推杯换盏猛劝酒。这种投射作用发生的主要机制在于忽视了自己与对方的差异，在潜意识中没有把自己和对方区别开来，而是混为一谈，认为他人也和自己一样，从而合二为一，对对方进行了自己同化。

2. 愿望投射。这是指把自己的主观愿望加于对方的投射现象，认知主体以为对方正如自己所希望的那样。例如一个自我感觉良好的学生，希望并相信导师会对他的论文给予好评，结果就会把一般性的评语也理解为赞赏的评价。

3. 情感投射。一般来说，人们对于自己喜欢的人，越看越觉得有很多优点；对于自己不喜欢的人，则越看越讨厌，觉得他有很多缺点，令人难以容忍。所以人们总是过度地赞扬和吹捧自己喜爱的人，而严厉地指责甚至肆意诽谤自己所厌恶的人——这便是"爱之欲其生，恶之欲其死"的道理所在。

美国心理学家罗斯做过这样的实验来研究投射效应，在80名参加实验的大学生中征求意见，问他们是否愿意背着一块大牌子在校园里走动。结果，48名大学生同意背牌子在校园内走动，并且认为大部分学生都会乐意背，而拒绝背牌的学生则普遍认为，只有少数学生愿意背。可见，这些学生将自己的态度投射到其他学生身上。

过多的投射效应不仅对人际交往会起到消极作用，而且如果长期得不到正确的引导的话，还可能为自己带来很大的烦恼。

比如说对相爱的人来说，任何两个人对爱的方式以及态度都会有所差异。当这些差异通过行为表现出来时，也许有的人不能接受，认为对方的爱不是自己想要的或者误以为对方的爱不够深。之所以会有这样的想法，是因为爱情中一些人存在的"投射效应"，认为对方应该和自己有相同的爱情观和方式，而这种以己度人的想法正是造成许多矛盾的根源。

"人心不同，各如其面"，人与人之间毕竟有差异，人与人之间既有共性，又各有个性，如果投射效应过于严重，总是以己度人，那么人们将无法真正了解别人，也无法真正了解自己。所以平时要"多考虑个体差异"，只有全面了解观察对象，才有可能避免错误投射。

19

权威人士的话往往会让你误入歧途

权威效应：人微者其言也轻，人贵者其言也重

联邦调查局给某探员寄去了一个恐怖分子的6张不同装束的照片，并下令在两周之内完成任务。一周以后，联邦调查局收到了探员的密电汇报：照片收悉，当场击毙拒捕4人，全力追踪在逃2人。

对于探员而言，联邦调查局可谓是警界的最高权威。当他收到来自联邦调查局的关于恐怖分子的照片后，没有与联邦调查局进行核实，便不遗余力地执行了误解的指令。如果照片来自核实普通探员，或许这样的失误便不会发生。

美国的心理学家曾经做过一个实验：在给某大学心理学系的学生们讲课时，向学生介绍一位从外校请来的德语教师，说这位德语教师是从德国来的著名化学家。实验中，这位"化学家"煞有介事地拿出一个装有蒸馏水的瓶子，说这是他新发现的一种化学物质，有些气味，请在座的学生闻到气味的就举手，结果多数学生都举起了手。对于本来没有气味的蒸馏水，由于这位"权威"的心理学家的语言暗示，所以多数学生都认为它有气味。

上述实验凸显了"权威效应"的作用。"权威效应"又称为"权威暗示效应",是指一个人如果地位高、有威信、受人敬重,那他所说的话及所做的事就容易引起别人重视,并让他们相信其正确性,即"人微言轻,人贵言重"。

"权威效应"的普遍存在,首先是由于人们有"安全心理",即人们总会认为权威人物掌握着真理,权威人物的判断、选择、行为都会更加正确,服从权威人物会使自己具有安全感,不会在众人面前出丑;再者,人们往往有获得认同和赞许的心理诉求,倾向于认为权威人物的要求与社会规范相一致,按照权威人物的要求去做,会获得其他人的认同,可以赢得他们的好感度。

在日常生活中,"权威效应"随处可见。你打开电视,常会看见某个权威人物在大力地推荐某个商家的产品;你翻阅报纸,常会发现文章中出现某些权威机构和权威人物的名字,作者借助权威来佐证自己的观点,增强自己文章的说服力。

在大多数人的心目中,教师、书本、专家都是权威,是知识的化身,因而对他们充满了崇拜与信赖。其实,正确的知识和观念可能会成为权威,但权威未必正确,权威的知识未必代表真理。

我们在一定程度上应该对老师、书本、专家等权威持有批判态度,不能盲目地崇拜他们。在某些时候,突破权威的束缚,就可能会有重大的发明创造产生,为人类社会增添物质文明和精神文明成果。敢于对权威提出疑问才是我们必须具备的、难能可贵的精神气质。

一百多年前,当时科学界几乎达成了共识,用金属制作的机械飞不起来。而本身是工人的莱特兄弟偏不信已有的理论,硬是埋头苦干,结果造出了飞机,飞上了蓝天。对于克隆,过去权威就下过结论:动物是不能克隆的。"多莉"的诞生成为克隆技术领域研究的巨大突破，为大规模复制动物优良品种和生产转基因动物提供了有效方法。

我们总是相信权威人士，认为他们的见解更加深入、认为他们的判断准确无误、认为他们的观点不容置疑。可是，人非圣贤，孰能无过，即使是权威，在认识的领域总还有未知的地方，在理解的层次上也难免会有误差，更何况还有居心叵测的人操纵人们对权威的信任和依赖来蒙蔽甚至欺骗大家，所以，对于权威，相信固然是一种尊重，但是更要敢于怀疑权威的错误，敢于在权威面前提出自己的观点。

要真正实现创新，或者有重大的发现，一定不要被过去的很多成见所操纵，尊重权威并虚心向权威学习，但是决不能迷信权威，被权威操纵。要有挑战权威的决心和信心：敢于怀疑，敢于提问，敢于钻研，敢于实践。

有了敢于质疑的精神，才能走出权威的篱笆，才能激发创新意识，才能作出具有独创性的决策。

20

如果众口一词，你要想到"众口铄金"

大街上，一个人突然跑了起来。也许是他猛然想起了与情人的约会，现在已经过去很久了。不管他想些什么吧，反正他在大街上跑了起来，向东跑去。

另一个人也跑了起来，这可能是个兴致勃勃的报童。

第三个人，一个有急事的胖胖的绅士，也小跑起来……

十分钟之内，这条大街上所有的人都跑了起来。嘈杂的声音逐渐清晰了，可以听清"大堤"这个词。"决堤了！"这充满恐怖的声音，可能是电车上一位老妇人喊的，或许是一个交警说的，也可能是一个男孩子说的。没有人知道是谁说的，也没有人知道真正发生了什么事。但是2000多人都突然奔逃起来。"向东"人群喊叫了起来。东边远离大河，东边安全。"向东去！向东去！"

　　这个故事反映了人类的一种普遍心理——从众。所谓的从众就是跟从大伙、随大流。在从众心理的指导下，我们往往是别人怎么考虑，我就怎样考虑，别人怎么说我就怎么说，别人怎么做我就怎么做。

　　造成从众心理的因素很多。

　　首先，这种心理和社会的整体环境有一定的关系。有人说，一个社会的传统色彩越浓，其中个人的从众心理就越重。的确，传统色彩浓厚的社会，统治阶级总会运用各种手段强化民众的从众意识，以禁锢人们的思想，避免不利于其统治的"异端邪说"，从而保证社会的稳定和政权的巩固。

　　其次，人们之所以选择从众，还考虑安全问题，即如果提出与众不同的观点很可能会招致"枪打出头鸟"的后果。所以按照大家公认的态度和方法来处理问题，是一种比较保险的处事方法。跟随众人，如果这件事处理得很好，自然有你的功劳；如果处理得不理想，你也不会一个人承担责任。

　　实践中的经验也表明，在一个从众心理较普遍的环境里，那些敢于提出与众不同的见解的人，往往会被认为不合群、爱表现自己，从而影响了人际关系的融洽。

　　也正是为了避免于己不利的事情发生，所以社会上很多人的行为都是在随大溜的心理作用下做出的，很少或根本没有经过自己的深入思考。

　　最后，在众口一词的情况下，许多人往往已经失去了评判的标准，迷失了自己本来要坚持的与众不同的观点。

　　其实，对于世界上的任何事情，我们每个人都有它自己的评判尺度和标准，因为每个人看待问题的角度不同，思考问题的方式也不尽相同，加上个人的自身情况各有差异，最后对某件事情得出不同的看法和结论也是理所当然的。但是在从众心理的作用下，大家对待某事实众口一词，久而久之，大家的这种观点就被认为是正确的。于是，本来要表明自己不同观点的人也对自己的观点产生了很大的怀疑，毕竟是"众口铄金"啊。所以也就不再表明自己的看法，加入了大家的行列。

举一个很简单的例子，大家都认为人习惯使用右手是正常的，那天生就习惯使用左手的人，即左撇子，就被人视为不正常了，所以如果谁家的孩子是左撇子，家长就会从孩子小时候起，要求他改掉这个"毛病"，改成所谓"正常的"使用右手的习惯性动作，殊不知，习惯使用左手，可能表明了孩子在右脑方面具有某种天赋。

这种从众的思维方式有利于解决常见的问题，保持群体的稳定性，有利于大家的一致行动。但是，凡事随大流，自己不独立进行思考，不利于思考者形成创意观点。一般来说，从众心理比较强的人，他的创意思维能力就会较弱，而那些不善于随大溜的人，往往创意思维能力都比较强。这里所说的后者，他们通常不会按照大家公认的标准来发表自己的观点。他总是要提出自己的与众不同的意见。因为在他的意识中，大家都认为是正确的往往可能是不正确的。

不同类型的人，从众行为的程度也不一样。一般来说，女性从众多于男性；性格内向、自卑感强的人多于外向、自信的人；文化程度低的人多于文化程度高的人；年龄小的人多于年龄大的人；社会阅历浅的人多于社会阅历丰富的人。

在处理事情时，我们要注意人们的从众心理，遇事要慎重考虑多数人的意见和做法，这样才能作出准确的判断，正确进行决策。

21

就算大家头脑都发"高烧"了，你也要冷静

一名主教到非洲的一座教堂参加祝圣仪式。由于教堂的椅子不够，主教不得不坐在一个装肥皂的木箱上。仪式开始不久，木箱突然破了，主教尴尬地跌倒在地，然而对于主教的遭遇，教堂内没有一个人失声而笑。

仪式结束后，主教对该教堂的神父说："你们这里的人真有礼貌，我本来以为自己摔倒在地上，会引起所有人大笑呢。"

神父回答："噢，他们还以为那是仪式的一部分呢！"

如果教堂里的人不是第一次参加祝圣仪式，对于主教的失仪之举或许便会捧腹大笑了。在这个笑话描述的情境中，大家都从众而不笑，是因为他们认为不笑才是对这种场合的正确反应。

空中小姐在飞机上递了一杯酒给牧师。

"现在离地面多高？"牧师问道。

"两万英尺。"

"我看，我还是不喝的好……因为这儿离我们总部距离

太近了！”

　　牧师所谓的总部就是信仰中的天堂，当接近“总部”时，牧师便自觉地按照“总部”的规则拒绝了杯中之物。

上述两则故事反映了心理学中的一个效应——场化效应。

所谓"场化效应"，是指由群体心理场所产生的效应——一个个体本来不具备某些个性特征，但是一旦进入某个群体后，便会被这个群体所产生的心理场所磁化，从而产生某些自身不具备的个性特征行为与情绪。这种现象犹如物理中的磁场，铁本身不具有磁性，被磁石磁化后铁就具有较强的磁性了。

例如，有的人本来对赌博并不感兴趣，但是当他置身于赌场时，就会情不自禁地加入赌博人群；有的人性格比较内向，很少在公众面前表达自己的情绪，可是当他参加一个气氛比较热烈的演唱会时，也会像那些疯狂的歌迷一样，与他们一起呼叫、高喊。

关于场化效应的产生原因，有如下解释：

一是集体意向说。它认为群体心理场能产生一致性的集体意向，这种集体意向是一种从许多人的潜意识中发展而来的。该理论认为，群体中的人，似乎都有一种大权在握的感觉，他们接受社会传染，并模仿他人行动，也易于受到催眠的暗示。

二是精神感应说。它认为同一群体的人，集中注意于同一个对象，很可能产生同样的情绪，以致共同做出出格的举动。这主要是因为他们觉得在群体中的行为比较安全，不怕受到惩罚。当然，人们也往往认为群体的要求总是对的。

三是模仿说。这种理论认为，群体中的情感或行为是从一个参与者传到另一个参与者，其实质是模仿。社会学家布鲁迈是这一理论解释的提出者，他对社会传染进行研究后，指出："群体行为吸引并感染了许多人，他们中有许多人本来是超然的和无动于衷的观众和旁观者。开始时，人们可能只是对那一行为感到好奇或者有些兴趣，当他们获得那种激动的精神，就会对那一行为更加注意，同时也就有介入的倾向。"

四是循环反应说。该理论认为，主要是循环反应过程导致了"场化效应"。在这个过程中，情绪和行为在不同的个体间相互传染，导致大家趋同一致化。例如，在一次演出中，只要有一个人喝倒彩、扔东西，便会导致更多的观众喝倒彩、扔东西，行为从个人波及到群体。

五是责任扩散说。它认为置身于群体之中，个人分摊到的行为责任很小，因此一些平时胆小、怕事、保守的人便会做出一些一个人时不敢做的事。

六是从众说。它认为群体会对个体产生一种压力，如果个体不按群体规范行事，便可能被群体其他人员冷落、责难、孤立。为了避免这些恶性境遇，个体便会做出与群体一致的行为举动。

对于一些自己不熟悉的情境，或者不确定自己的判断是否正确的场合，为了避免自己的态度和行为不合时宜而招致他人的取笑，很多人都会倾向于跟随大多数人的观点和做法，产生从众行为。

要避免场化效应的影响，杜绝从众行为，关键在于我们置身大众场合时，要保持头脑冷静，不随波逐流、不附和别人，不被众人的意见所左右，要有自己独立的观点，一分为二地看待事物。

22

为什么你越害怕发生的事情，越容易发生

墨菲定律：偶然的背后，隐藏着一定的必然

美国人爱德华·墨菲是一名工程师，他曾参加过美国空军于1949年进行的MX981实验。这个实验的目的是为了测定人类对加速度的承受极限。

其中有一个实验项目是将16个火箭加速度计悬空装置在受试者上方，当时有两种方法可以将加速度计固定在支架上，而不可思议的是，竟然有人有条不紊地将16个加速度计全部装在错误的位置。

于是墨菲作出了"事情如果有变坏的可能，不管这种可能性有多小，它总会发生，并引起最大可能的损失"这一著名的论断。

墨菲定律是指如果坏事情有可能发生，不管这种可能性多么小，它总会发生，并引起最大可能的损失。墨菲定律并不是一种强调人为错误的概率性定律，而是阐述了一种偶然中的必然性。

墨菲定律在我们的生活中非常常见：

你兜里装着一枚金币，生怕别人知道也生怕丢失，所以你每隔一段时间就会用手摸兜子，查看金币是不是还在，于是你的规律性动作引起了小偷的注意，最终金币被小偷偷走了。即便没有被小偷偷走，那个总被你摸来摸去的兜子最后终于被磨破了，金币掉了出去，丢失了。

每天上下班站在站台旁等车，你越是焦急地盼望，公交车越是不来；等你好不容易挤上一辆车，发现自己要等的公交车也已经到站。

你需要打出租车时，发现街道上的出租车不是有客，就是半天不见踪影；而等你不需要坐出租车时，满大街都是显示"空车"字样的出租车。

如果有一片面包不小心掉在地毯上，一面涂满果酱，一面没有涂，那么一定是涂有果酱的那面着地。

你越担心股市下跌，那么结果往往是跌；你越盼望它涨，它偏偏跌得越起劲。

现实就是如此爱捉弄人，常常让我们哭笑不得。这说明，越害怕发生的事情就越会发生。原因就是害怕发生，所以会非常在意，注意力越集中，就越容易犯错误。

任何事情都没有表面看起来那么简单，事情如果有变坏的可能，不管这种可能性有多小，它总会发生，并引起最大可能的损失。所有的事都会比你预计的时间长，担心会出错的事总会出错。

所以，我们在做事前应该尽可能想的周到、全面一些，避免不幸的事情发生，即使发生，我们也要勇敢面对，解决困难。

　　错误虽是世界的一部分，人类不得不接受与错误共存的命运，但只要我们能够正视错误，懂得从错误中汲取经验和教训，就可以获得成功。

23

你以为的自己是你自己以为的吗

巴纳姆效应：对人格的笼统的、一般性的描述

有一天，上帝闲着没事干，在天堂里走来走去，不知不觉就走到了天堂的大门口。

天堂的大门口正排着长长的队伍，天使彼得坐在一张桌子前，为那些要进天堂的人登记注册。

一看到上帝，彼得就喜出望外地大叫起来："上帝！你来得正好，我正想去上厕所，你先接替我一下。"

说完，彼得就离开了，上帝在桌子旁边坐了下来。

这时桌子前正站着一位老人，上帝看着这个老人花白的头发和枯瘦沧桑的脸，不知为什么有了一种很亲切的感觉。

上帝温和地询问老人说："您生前的职业是什么？"

"木匠。"老人回答。

上帝心里很震惊，连忙问："您是不是有一个儿子？"

老人的脸一下子变得很悲伤："是的，可是他在很多年以前就离开了我，我再也没有见过他。我可怜的孩子。"

上帝一下子站了起来："那么……，您的儿子，他……他的手脚上是否都被人钉了钉子？"

　　老人惊讶地望着上帝："是的，可是，天哪，您是怎么知道的？"

　　上帝抱住老人，激动得热泪盈眶："哦！爸爸，我终于找到您了！"

　　老人的脸上也立刻焕发出欢喜的神采："天哪，我真不敢相信，你长得这么大了啊！真的是你吗？匹诺曹？"

老人仅进行了一番很笼统的描述后，上帝便认为老人正是自己的父亲，这与心理学中的"巴纳姆效应"如出一辙。

肖曼·巴纳姆是一位很受欢迎的著名魔术师，他曾经这样诠释自己的成功：我的节目之所以受欢迎，是因为节目中包含了每个人都喜欢的成分，所以每分钟都会有人上当受骗。"巴纳姆效应"由此而来，指的是，人们常常认为一种笼统的、一般性的人格描述十分准确地揭示了自己的特点，心理学上将这种倾向称为"巴纳姆效应"。

关于这种自我认知的效应，一位心理学家曾经做过一个实验，他给一群人做完明尼苏达多相人格检查表后，出示了两份结果，让参与者判断哪一份是自己的结果。事实上，一份是参加者自己的结果，另一份是多数人的回答平均结合的结果。结果，大多数参加者都认为后者更准确地表达了自己的人格特征。

实验的结果表明：很多人都容易相信一个笼统的、一般性的人格描述特别适合自己，尽管这种描述十分空洞，但他们仍然会认为这种描述准确地反映了自己的人格面貌。曾经有心理学家向大学生出示了这样一份材料，让他们判断这种人格描述是否适合自己：

你很需要别人喜欢并尊重你；

你有自我批判的倾向；

你有许多可以成为你优势的能力没有发挥出来，同时你也有一些缺点，不过你一般可以克服它们；

你与异性交往有些困难，尽管外表上显得很从容，其实你内心焦急不安；

你有时怀疑自己所做的决定或所做的事是否正确；

你喜欢生活有些变化，厌恶被人限制；

你以自己能独立思考而自豪，别人的建议如果没有充分的证据你不会接受；

你认为在别人面前过于坦率地表露自己是不明智的；

你有时外向、亲切、好交际，而有时则会内向、谨慎、沉默；

你的有些抱负往往很不现实。

对于上述笼统的、几乎适合于任何人的话，很多大学生都认为自己正是材料中所描述的那样，材料的描述太匹配自己的性格了。

在现实生活中，"巴纳姆效应"是一种常见的现象。比如人们让算命先生算命后，有时会认为某个算命先生太料事如神了，所描述的状况完全契合了自己的处境。

其实，一般而言，春风得意、没有困惑疑虑的人是不会求助算命先生的，惯于算命的人常常是情绪处于低落和失意的时候，此时他们对生活失去了控制，缺乏安全感，很容易受到暗示的影响。加之算命先生总是善于察言观色，揣摩他人的心思，他们应景地说一些无关痛痒的笼统话，人们便会对算命先生崇拜起来，从而中了他们的圈套。

要避免巴纳姆效应的负面影响，一是要学会面对自己，客观真实地认识自己；二是要培养一种收集信息的能力和敏锐的判断力；三是以人为镜，通过与自己身边的人在各方面的比较来认识自己。

24

不论你认为自己多么完美，你都不会十全十美

孤芳自赏偏误：看自己"一朵花"，看别人"豆腐渣"

在古老的森林里，有许多美丽的动物，其中以孔雀最美，它五颜六色的羽毛令所有的动物羡慕不已，但是，如此美丽的孔雀竟然没有一个朋友，整天孤孤单单。这是为什么呢？

一天，孔雀骄傲地展开五颜六色的长羽毛，欣赏自己美丽的羽毛。这时，有一只全身纯白的鹤刚好路过这片树林，停在一棵树下休息。

孔雀看到这只陌生的鹤，就故意走过去吸引它的注意。白鹤觉得孔雀的羽毛十分漂亮，就夸赞："啊！你的羽毛真是漂亮极了！简直比蝴蝶的翅膀还要鲜艳美丽。"

孔雀被白鹤这么一夸奖，内心当然十分高兴，就更加骄傲了。它斜斜地瞧了白鹤一眼，觉得这只鹤全身雪白，一点花样也没有，就说："你长得真奇怪啊！怎么羽毛都是白色的，多么单调苍白啊！你看我这一身，有金色的、紫色的、绿色的，而且搭配得这么体面对称。唉！白鹤先生，如此难看的羽毛你也能忍受？我说啊，你真应该去换一换羽

毛了！"

　　白鹤听了孔雀尖刻的嘲笑，很不高兴地说："孔雀先生，你的羽毛虽然美丽，但是你太自命清高了。好了，再见，我要去会见我的朋友了！"白鹤说完立即飞走了。

　　孔雀孤零零地在森林中走来走去。所有的动物碰见它都要躲开，谁也不愿意和它说话，因为它们都曾经被孔雀尖刻的话语伤害过。

　　孔雀之所以没有朋友，在于它犯了孤芳自赏的偏误，妄自尊大，只知道自我欣赏，只看到自己身上光环和优点，而忽略了其他动物的存在。

　　生活中，也有很多类似孔雀的人，他们自高自大，盛气凌人；只看到自己的长处，看不到自己的短处；只看到别人的短处，看不到别人的长处……把自己看作"一朵花"，把别人看作"豆腐渣"。

　　做人要谦逊，不要孤芳自赏，不要总以为自己比别人多一点智慧。巴甫洛夫说："绝不要骄傲。因为一骄傲，你们就会在应该同意的场合固执起来；因为一骄傲，你们就会拒绝别人的忠告和友谊的帮助；因为一骄傲，你们就会丧失客观方面的准绳。"

　　有人曾说过："伟大只不过是谦逊的别名。"虚怀若谷的人，不会被头上各色各样的光环所蒙蔽。他不会孤芳自赏，能够清楚自己的长处与弱点、失败与成就。他不会妄自尊大，能虚心接受不同的意见，更能以宽广的胸怀接受他人的批评，甚至为批评自己的人鼓掌。

　　十九世纪的法国名画家贝罗尼，有一次到瑞士去度假，但是每天仍然背着画架到各地去写生。有一天，他在日内瓦湖边正用心画画，旁边来了三位英国女游客，看了他的画，便在一旁指手画脚地批评起来，一个说这儿不好，一个说那儿不对，贝罗尼都一一修改过来，末了还跟她们说了声"谢谢"。第二天，贝罗尼有事到另一个地方去，在车站看到昨天那三位妇女，正交头接耳不知在议论些什么。过了一会儿，那三个英国妇女看到他了，便朝他走过来，问他："先生，我们听说大画家贝罗尼正在这儿度假，所以特地来拜访他。请问你知不知道他现在在什么地方？"贝罗尼朝她们微微弯腰，回答说："不敢当，我就是贝罗尼。"三位英国妇女大吃一惊，想起昨天的不礼貌，一个个红着脸跑掉了。

苏联教育家苏霍姆林斯基说过："谦逊是爱好劳动、尽心竭力、坚定顽强的亲姊妹。夸夸其谈的人从来不是勤奋的劳动者。脑力劳动是一种需要非常实际、非常清醒、非常认真的劳动，而这一切又构成谦逊的品德——谦逊好像是天平，人用它可以测出自己的分量。骄傲具有很大的危险性——这是现代人常见的通病，它往往表现在：把对于某种复杂事物的模糊的、肤浅的、表面的印象当作知识。"

人不能没有自信心，但自信并不等于骄傲。骄傲是前进路上一个最大的阻力，它总是怂恿人对镜孤芳自赏、洋洋得意，自我感觉超过了现实。这种虚幻的良好感觉是无知、偏狭和傲慢的同行者，是与积极进取、朴实和谦恭的完全背道而驰。这种错误的思维在伤害他人的同时也在伤害你自己——它使你远离现实，阻止你达到完美和正直。

中国最早的散文总集《尚书》也指出："满招损，谦受益"。民间俗谚也说："大意失荆州，骄傲失街亭。"古今中外关于戒骄破满的论述不计其数，正是告诉我们骄傲是人类的宿敌，如果不战胜它，它会毁了我们自己。

因此，我们要远离骄傲，保持谦逊的品格，养成善于正确看待自己优缺点的习惯。无论人家怎样夸奖你，你都要明白，你还远远不是个尽善尽美的人。你要懂得，人们赞扬你多半是要求你这样进行自我教育：怎样才能做得更好。如果你不再进行自我锻炼和自我教育，那就是一种自高自大的表现。

谦逊是一切美德的皇冠，因为它将纪律、天职、义务以及意志的自由和谐地融合到一起。一个谦逊的人如果将自己身上一切值得赞扬的东西都看作是应该的、理所当然的，那么他就会将纪律当作真正的自由，并且为之努力奋斗。

25

你有夸大自己优点和掩饰自己缺点的倾向

苏东坡效应：不识庐山真面目，只缘身在此山中

两个砍柴人敲林中小屋的门。

"您好。"

"您好。"屋主人回答道。

"我们刚才在林中发现了一具尸体，我们担心会是您呢？"

"什么样的呢？"

"跟您的身材差不多。"

"是穿红色法兰绒衬衫吗？"

"不是，是深棕色的。"

"那么说，谢天谢地，他不是我。"

"自我"时刻与你共存，但是屋主人却无法意识到"自我"的存在，凭借外围的信息来认知"自我"——不识庐山真面目，只缘身在此山中。

"不识庐山真面目，只缘身在此山中"，明明就站在这座山中，却偏偏不识其真面目。明明自己就拥有"自我"，却偏偏不自知，或者仅形成一个模糊的认识。这就是"苏东坡效应"。

一位美国心理学家做了这样一个实验，他找来25个人，这些人都是相互熟识的人，比较了解彼此。实验者请他们每个人分别根据9个标准即文雅、幽默、聪明、爱交际、讲卫生、美丽、自大、势利和粗鲁，对包括自己在内的所有人排名次。比如，根据文雅标准，谁最文雅排第一，其次为第二……以粗鲁为标准，谁最粗鲁排第一，其次排第二……也就是说，每个人都要对自己和其他24个人进行评价，这样，每个人的每个方面都有一个自我评价，还有24个他人作出的评价。经过统计分析发现，这25个人身上都有不同程度的夸大优点和掩饰缺点的倾向。

例如，有一个人自以为自己的文雅程度应该名列前茅，可是把其他24个人在这方面给他评定的名次平均一下，他的"文雅"程度仅列第二十几名。还有一个人，对自己"讲卫生"的品质的名次比他人给他的平均名次提前了5名，对"聪明"和"美丽"的程度的评价都提前了6名，而对自己"势利""自大"和"粗鲁"程度的评定却比别人评得低，他定的名次比别人给他定的后退了6名。

实验表明，人们对优良品质的自我评价常常比别人的估计高，对不良品质的自我评价则比别人估计的低，也就是说人们更容易抬高自己，无法客观地看清真实的自己。

"苏东坡效应"有其产生的必然性。

美国的一名控制论专家创立了模糊集合理论，他认为普通的集合是具有某种属性的对象的全体，这种属性所表达的概念应该是清晰和界限分明的，因此每个对象对于集合的隶属关系也是明确的。但是人们的思维中却存在着很多模糊的概念，比如年轻、很大、暖和和傍晚等，这些概念所描述的对象属性不能简单地用"是"或"否"来回答，因而对象对集合的隶属关系也不是明确的和非此即彼的。客观世界的模糊性自然导致人的思维往往不能全面地、精确地反映客观，这就使人脑的模糊性和不确定性大于客观模糊性，使人们难以真实地认知自己。

此外，人还是名目繁多角色的扮演者，比如爸爸、老师、兄弟、上级、下属、顾客和患者等，诸多角色集于一身，自然又增添了人们认识自我的难度。

"苏东坡效应"无疑给我们敲起了警钟。这当然不是要我们被"苏东坡效应"牵着鼻子走，向"自我"甘拜下风，只好让对"自我"的认识模糊下去，当然不能这样。在"苏东坡效应"敲响的警钟声中，我们应该听到的是这样一种召唤：保持警觉，切勿盲目，力求对"自我"认识得全面些，清晰些……

具体来说，可从以下三方面来克服苏东坡效应的负面影响：

一是客观地认识自己。

一个人的最大劣势是什么？有的人可能觉得是出身不好，有的人可能认为是家庭贫穷，有的人可能认为是没有高学历，还有的人可能认为是没有出众的相貌……不错，这些都是一个人在当代社会竞争中的劣势，不过他们既然已成客观事实，我们只能先接受它们。若想彻底改变它们，提升自己的竞争力，唯有客观地认识自己，认清自己的优势，激发进取的信心，从而改变这些不良的现状。

二是通过别人来充分认识自己。

认识自我并非单纯靠自己，有时候借助别人来认识自己，往往更为客观、公正。

三是要时常与自己的内心对话。

想要认识自己，就要与自己良好的对话。这种对话是在内心深处的拷问和反省，是正与邪的相互抗争，也是自己思想斗争的根本形式。通过对话分辨是非，从而不断完善自己。

要想认识自我，既要深入"此山中"探幽微，又要跳出"此山外"览全景，也就是说要从内在的思想和外在的表现两个方面结合起来进行考察，才能得出对自己最全面、最真实的认识。

26

改变世界的创新，都是绞尽脑汁得来的吗

酝酿效应：山重水复疑无路，柳暗花明又一村

在古希腊，国王让工匠打造一顶纯金的王冠，他怀疑金匠在王冠中掺了银，可是这顶王冠与当初交给金匠的金子一样重，谁也不知道金匠是否私吞了金子。于是，国王找来阿基米德，让他解决这个难题。阿基米德为了解决这个问题冥思苦想，尝试了很多方法，但都失败了。隔了一段时间，阿基米德在洗澡时，坐进澡盆后看到水往外溢，同时感觉身体似乎被轻轻地托了起来。这一刻，阿基米德茅塞顿开，突然想到运用浮力原理就可以解决国王为自己布置的难题。

德国化学家凯库勒长期研究苯分子结构，但同样对苯分子中原子的结合方式百思不得其解。1864年冬的某一天晚上，他在火炉边看书时，不知不觉打起瞌睡，做起了梦。这是一个化学史上最著名的梦，苯分子结构的秘密由此解开。凯库勒自己是这样描述的："当事情进行得不顺利，我的心想着别的事了。我把座椅转向炉边，进入半睡眠状态。原子在我眼前飞动：长长的队伍变化多姿，靠近了，连结起来了，一个个扭动着、回转着，像蛇一样。看！那是什么？

一条蛇咬住了自己的尾巴，在我眼前轻蔑地旋转。我如同受了电击一样，突然惊醒。那晚我为这个假设的结果工作了整夜，这个蛇形结构被证实是苯的分子结构。"

　　不管是科学家还是一般人，在解决问题的过程中，我们都可以发现"把难题放在一边，放上一段时间，才能得到满意的答案"这一现象。心理学家将其称为"酝酿效应"。

　　日常生活中，我们常常会对一个难题束手无策，不知从何入手，这时思维就进入了"酝酿阶段"。直到有一天，当我们抛开面前的问题去做其他的事情时，百思不得其解的答案却突然出现在我们面前，令我们忍不住发出类似阿基米德和凯库勒的惊叹，这时，"酝酿效应"就绽开了"思维之花"，结出了"答案之果"。古诗说"山重水复疑无路，柳暗花明又一村"正是这一心理的写照。

　　酝酿效应似乎与人的定势心理有关——一个人最初考虑解决问题的途径不成功，走到了一条死胡同后，暂时让自己离开这种情境一会儿，反而常能曲径通幽地顿悟到其他的解决方法。

　　心理学家认为，在酝酿过程中，虽然人们已不再从事暂时搁置的工作，但其实在潜意识层面仍然进行着推理和思考活动，储存在记忆里的相关信息在潜意识里组合，从而使个体意外地获得问题的解决方案。此外，人们之所以会在休息时与正确答案不期而遇，原因还在于当人们处于放松状态时，消除了前期的心理紧张，由于遗忘了那些不正确的、导致僵局的思路，所以进入了另一种创新思维状态。

　　美国化学家普拉特和贝克等人也都讲述过亲身经历的"酝酿效应"。普拉特和贝克在文章中写道："摆脱了有关这个问题的一切思绪，快步走到街上。突然，在街上的一个地方———我至今还能指出这个地方———一个想法仿佛从天而降，来到脑中，其清晰明确犹如有一个声音在大声喊叫。我决心放下工作，放下有关工作的一切思想。第二天，我在做一件性质完全不同的事情时，好像电光一闪，突然在头脑中出现了一个思想，这就是解决的办法，简单到使我奇怪怎么先前竟然没有想到。"

　　当你因为遭遇一个难题而抓耳挠腮时，不妨先把它放在一边，去和朋友散散步、聊聊天，或者做一些能让自己心情放松的事情，说不定就在你停下来的时候，原来把你逼到死角的难题迎刃而解，或许答案真的会"踏破铁鞋无觅处，得来全不费功夫"，你可以真正体会到"山重水复疑无路，柳暗花明又一村"的惊喜。

27

如果出现错误，十有八九出在你自己身上

有两个南方商人，因为南方的伞质量好而且便宜，他们各自带了一大批雨伞到北方去卖。

可到了北方，他们渐渐发现，北方人很少用伞，因为那里的天气常年干旱少雨，两个商人都陷入困境。

一个月后，两个商人在回家的路上相遇，一个垂头丧气，一个却志得意满。

"看你这样子是把伞都卖了，赚了不少的钱？"

"是啊，都卖了。"

"北方不常下雨，谁用雨伞啊，我都为此而破产了，你是怎么卖掉的？"

"伞还是那些伞，我只是卖的时候把所有'雨伞'两字都改成了'阳伞'，伞可以挡雨，难道就不能遮阳吗！"

有一个小学老师，给小学生出了一个考题：在一条船上有75头牛，有32只羊，问船长的年龄有多大？抽样调查的结果，一个班有百分之七八十，都是75减32，船长43岁，75头牛减32只羊，船长43岁。而实际上呢？我们仔细想想，船

长的年龄和那些给出的已知条件明显是毫无关系的。可是在小学生的思维里，老师出的题目肯定会有它的解法，于是他们开始动脑筋了，他们一相加，75加32是107。一想107岁能开船吗？早就退休了。他们一除，75除32，二点几岁。又一乘，2000多岁，他们开始动脑筋了，那不是只有用减法了，于是75头牛减32只羊得43，43岁这样的答案就出来了，而这就是思维定式就定在那儿的结果。

　　思维定式是指当人们思考问题时，总会存在一种思维的惯性，会习惯地根据自己已有的知识，按照一种固定的思路去考虑问题。这种习惯性的思维程序使人们一面对问题就会按照熟悉的方向和路径去思考，从而找出解决问题的办法。

　　这种思维定式对于人们解决一般的问题，可以起到"轻车熟路"的积极作用，使人们熟练地解决问题。但是，当人们需要开创性地解决问题时，思维定式往往会成为一种障碍和束缚。它将人们局限在某种固定的思维模式内，打不开思路；不能形成创意的新观念、新意识。

　　有一句经典的谚语叫作"思维一旦进入死角，其智力就在常人之下。"所以，如果我们要想有创新思维，那么就必须要把思维定式打破。而一旦思维定式被我们打破了，我们就必然可以得到一些创新性的东西，也必然可以得到巨大的经济效益和精神效益。

　　日本的东芝电气公司1952年前后曾一度积压了大量的电扇卖不出去，7万多名职工为了打开销路，费尽心机地想了不少办法，依然进展不大。有一天，一个小职员向当时的董事长石坂提出了改变电扇颜色的建议。在当时，全世界的电扇都是黑色的，东芝公司生产的电扇自然也不例外。这个小职员建议把黑色改为彩色。这一建议引起了石坂董事长的重视。经过研究，公司采纳了这个建议。第二年夏天东芝公司推出了一批浅蓝色电扇，大受顾客欢迎，市场上还掀起了一阵抢购热潮，几个月之内就卖出了几十万台。从此以后，在日本以及在全世界，电扇就不再都是一副黑色面孔了。

　　现在我们想想，只是稍稍改变了一下颜色，大量积压滞销的电扇，几个月之内就销售了几十万台。这改变颜色的设想，效益竟如此巨大。而提出它，既不需要有渊博的科技知识，也不需要有丰富的商业经验，为什么东芝公司其他的几万名职工就没人想到、没人提出来？为什么日本以及其他国家的成千上万的电气公司，以前都没人想到、没人提出来？这显然是因为，自有电扇以来都是黑色的。虽然谁也没有规定过电扇必须是黑色的，而彼此仿效，代代相袭，渐渐地就形成了一种惯例、一种传统，似乎电扇只能是黑色的，不是黑色的就不称其为电扇。这样的惯例、常规、传统，反映在人们的头脑中，便形成一种心理定式、思维定式。时间越长，这种定势对人们的创新思维的束缚力就越强，要摆脱它的束缚也就越困难，越需要做出更大的努力。东芝公司这位小职员提出的建议，从思考方法的角度来看，其可贵之处就在于，他突破了"电扇只能漆成黑色"这一思维定式的束缚。

突破思维定式，换个角度考虑问题，一切"死结"也就迎刃而解了，我们就能迎来柳暗花明的全新天地。司马光打破常规，用砸缸的方式成功地救出落水玩伴；哥伦布磕破蛋壳成功地把鸡蛋竖在桌子上；美国小女孩横切苹果"意外"地发现神奇而美丽的五星图案；香港一青年用刀劈开高尔丁死结顿然成为百万富翁；袁隆平不迷信科学界所谓杂交水稻是天方夜谭的定论，坚持进行水稻杂交试验，最终研制出水稻的杂交品种，让占世界人口四分之一的中国人填饱了肚子，他也由此成为"杂交水稻之父"……

只要我们敢于去打破常规，另辟思维的新径，我们就可以解决遇到的所有问题，同时也可以让我们不断地去获得进步，不断地充实自己，不断地对自己的脑子进行清洗，装进许多新东西。只有这样，我们才可以不断地朝成功迈进。

28

前人的经验，会让后人变得愚蠢

从前有只驴子背盐渡河，它偶然在河边滑了一跤，跌在水里。

盐溶化后，驴子感到身上轻松了许多。驴子非常高兴，获得了经验。后来有一回，它背着棉花又故意跌倒在水中。可是棉花吸了水，驴子没能再站起来，被压在水里淹死了。

无独有偶，还有一个类似的故事，也令人深思。

这天，卖草帽的人叫卖得十分疲累，便坐在大树下打起盹来。

等他醒来时，发现身旁的帽子都不见了，抬头一看，树上有很多猴子，而每只猴子的头上都有一顶草帽。他十分惊慌，如果帽子弄丢了，他将无法养家糊口。

突然之间，卖帽人想到猴子喜欢模仿人的动作，他就试着举起左手，果然猴子也跟着他举起左手；他拍拍手，猴子也跟着拍拍手。他把头上的帽子拿下来，丢在地上。猴子也学着他，将帽子纷纷扔在地上。

卖帽人捡起帽子，高高兴兴地离开了。

回家之后，他将这件事告诉了他的儿孙。

多年以后，他的孙子继承了家业。一天，他在卖草帽的途中也跟爷爷一样，在大树下睡着了，而帽子也同样被猴子拿走了。

孙子想到爷爷曾经告诉他的方法。于是，他举起左手，猴子也跟着举起左手；他拍拍手，猴子也跟着拍拍手，爷爷说的话果然管用。

于是，他摘下帽子丢在地上。猴子却没有跟着他做，还是直瞪着眼看他。这时，猴王出现了，它捡起地上的帽子，大笑道："开什么玩笑！你以为只有你有爷爷吗？"

驴子为何淹死？孙子为何不能像爷爷当年那样拿回帽子？因为机械套用经验，受经验影响，走入思维定式，他们未能根据变化的客观现实对经验进行有效的改造和创意。

经验通常都是经过长时间的实践活动所取得和积累的。对人们具有启发和指导意义，通过借鉴他人的经验，可以使我们在实践活动中更容易地认识客观事物，更得心应手地处理问题。但我们同时也应该看到，过去的经验不一定能够适用于解决现在的问题。我们不能让过去的经验成为我们创意的障碍。而且每一个人不管他经验有多么丰富，他还是会遇到没有经历过的新情况、新问题，如果不能从新的角度进行开创性的思维，还是按照以往的经验处理问题，那结果很可能就会失败。

经验只是人们在实践活动中取得的感性认识的总结，没能揭示出事物的本质和规律，它抓住了事物比较常见的方面，却忽视了一些偶然的方面。在现实生活中，我们会经常遇到一些带有偶然因素的事件，这时候如果我们仍然用所谓的经验来处理，很可能出现偏差，使问题无法解决。

1973年，第四次中东战争前夕，埃及军队进行了多次大规模的军事演习，以色列通过卫星监控系统，已经掌握了埃及军队的活动。当埃及军队进行第二十三次军事行动时，以色列的军方领导人认为，埃及军队的前22次军事行动都是军事演习，从这个经验出发，他们认为这次埃及军队的行动不过又是一场军事演习而已，所以没有做任何应战的准备，结果，埃及军队突然向以军发起了进攻，轻易地突破了以军的防线。

可见，针对具体问题不作具体分析，而仅仅凭借经验办事，后果是不堪设想的。

　　有一个商人想推销他的气压表，为了证明气压表的灵敏度和实用性，他找到了工作性质不同的3个人——一个物理学家、一个工程学家和一个画家，让他们分别用气压表来测量一座塔的高度。于是，他们利用职业特点，使用了各种不同的方法来测量塔的高度。物理学家的做法是，他登上塔顶，通过手表来计时，然后轻轻松手让气压表做自由落体运动，并且记录下气压表落到地面所需的时间，最后再根据自由落体公式，计算出了塔的高度。但是物理学家这种使用气压表来计算塔高的办法，商人并不满意。轮到了工程学家，他的做法是，先在塔底测量了一下大气气压，然后登上塔顶又测量了一次气压，得到塔底和塔顶气压的差值，再根据每升高12米气压下降1毫米汞柱，最后计算出塔的高度，商人非常满意。最后轮到画家，这对于画家来说，可能是个难题，因为他没有物理学家的学识，也没有工程学家的经验，但是这倒也不是件坏事，因为他没有经验，更谈不上思维定式，所以可能会有更多的方法可以选择。于是画家想到了一个很好的办法，他把气压表送给看守塔的人，作为交换条件，他让看守塔的人到储藏间把塔的设计图找出来，通过看塔的设计图，画家得到了塔的精确高度。商人更高兴了，因为画家寻找到的设计图，精确地验证了工程学家用气压表测量塔高的结果。

　　看来，已有的知识和经验有时候也会成为人们的思维障碍，暂时抛弃你的经验，你往往会得到意想不到的发现，会找到解决问题的更为简便的方法。

　　美国福特汽车公司创始人福特就曾经说过："一个人按照旧的办法办事，在生活上是许可的，但在经营上是注定要失败的。"因此面对我们既有的经验，我们一方面要认识到它有一定的参考和借鉴价值，应该吸取其中有实用意义的部分。另一方面，我们还要看到经验所不可避免的局限性，对于那些妨碍束缚我们进行创意思考的陈旧经验，一定要抛弃。

29

自诩理性的人类，怎么倒成了理性的傻瓜

春秋时候，有个小偷跑到晋国的范氏家里想偷点东西，看见院子里吊着一口大钟。小偷心里高兴极了，想把这口精美的大钟背回自己家去。可是钟又大又重，怎么也挪不动。他想来想去，只有一个办法，那就是把钟敲碎，然后一块一块地搬回家。

小偷找来一柄大锤，拼命朝钟砸去，钟发出了巨大的声响。小偷情急之下想到一个好办法：使劲捂住自己的耳朵。于是，他立刻找来两个布团，把耳朵塞住。就放手砸起钟来，响亮的钟声传到很远的地方。人们听到钟声蜂拥而至，把小偷捉住了。

上述"掩耳盗钟"的故事讽喻了小偷的愚笨。但小偷仍旧是一个理性经济人，他精于算计：要把大钟偷回家，就必须把大钟砸碎，但砸钟会发出声响，必须阻止钟声的传播，于是，他选择了堵住自己的耳朵。为什么小偷是一个理性人，却还被视为傻瓜？因为他并不是一个完全理性人，只是一个有限理性人。

"有限理性"概念最初是由诺贝尔经济学奖得主西蒙提出的，他认为有限理性就是人的行为"既是有意识的理性的，但这种理性又是有限的"。一是人们面临的是一个复杂的、不确定的世界，而且交易越多，不确定性就越大，信息也就越不完全；二是人对环境的认识能力是有限的，不可能无所不知。

在经济生活中，人们都是理性经济人，理性人的主观意愿就是最大限度地为自己谋福利，但能不能谋到福利是另一回事。以最少的成本获得最大的收益是经济人的理性选择，但由于人对事物的计算能力和认识能力是有限的，因而人们的理性往往表现为有限理性。

在生活中，人们因为有限理性而对"得失"的判断屡屡失误，事实上人们都做了理性的傻瓜。

假设有一种情况：工人体育场将上演一场由众多明星参加的演唱会，票价很高，需要800元，这是你梦寐以求的演唱会，很早就买到了演唱会的门票。演唱会的晚上，你正准备出门，却发现门票丢了，这时你会再买一次门票吗？

假设是另一种情况：同样是这场演唱会，票价也是800元。但是这次你没有提前买票，你打算到了工人体育场后再买。刚要从家里出发的时候，你发现自己不知什么时候把刚买的价值800元的MP4给弄丢了。这个时候，你还会花800元去买这场演唱会的门票吗？

　　与在第一种情况下选择再买演唱会门票的人相比，在第二种情况下选择仍旧购买演唱会门票的人绝对不会少。从客观上来讲，这两种情况是没有区别的：在你愿意花800元钱去听演唱会的前提下，你面临的都是损失了800元的价值，然后你需要选择是否再花800元去观看演出。只不过在第一种情况下，你是因丢了一张票而损失了800元，而在第二种情况下你是因为丢了800元的MP4而损失了800元。

　　同样是损失了价值800元的东西，为什么大多数人会有截然不同的选择呢？其实对于一个理性人来说，他的理性是有限的，在他们心里，对每一枚硬币并不是一视同仁的，而是视它们来自何方、去往何处采取不同的态度，这是一种非理性的情况。

　　人们都是理性经济人，但"智者千虑，必有一失"，任何人都不可能做到完全的理性。

　　在纷繁的世界中，我们应学会去认识世界、分析事物，不要做理性的傻瓜！

30

两颗柔软的桃子，为什么能杀死三个猛士

稀缺性效应：越是稀少的东西，越能引起人的关注

春秋时期，齐景公手下有三员猛将公孙接、田开疆与古冶子，他们都为齐景公立下过汗马功劳。这三个人自恃勇猛，对齐景公也不放在眼里。晏子建议齐景公把这三个人剪除，以免将来留下祸患。景公也觉得应及早剪除，但是三人战功赫赫，又勇猛无比，齐景公也觉得很无奈。晏子说，应当巧斗。他向景公建议，赐给他们三人两只桃子，让他们分吃。只赏赐给最有功劳的人。拿到桃子后，三人开始争夺，竞相陈述自己对国家的功劳。最后两个人得到了桃子，另外一个人羞愧自杀。得到桃子的两个人见同伴因自己而死，也都羞愧自杀了。

这是《晏子春秋》里的记载，三员大将被两只桃子杀死——历史上有名的"二桃杀三士"的故事。可能有人觉得，同伴自杀，自己也自杀吗？太不划算了吧，别忘了当时春秋时代的人都是很讲义气的，所以见到同伴自杀，自己也自杀是没什么奇怪的。晏子利用的就是经济学上的稀缺性，只给两只桃子，三个人无论如何也分不好，杀死三个勇士的不是两只桃子，而是稀缺性，因为稀缺才产生互相之间的竞争和争夺，最后在争夺中死亡。

我们常常会听说某个手机号或汽车牌照卖出了天价，这正是资源稀缺性的体现。因为这种手机号或汽车牌照的数字非常独特，而且是唯一的，不会再有第二个。物以稀为贵，这样的商品人人都想买，就会卖出很高的价格。鲁迅说过，北京的白菜太不值钱了，但南方的白菜拉到北京，就不叫白菜了，叫胶菜，而且价格要高很多。所以他创造了一个词语：物以稀为贵。

"稀缺"两字，代表着两种不同的含义：一个是稀有的；另一个是紧缺的。在经济学里，稀缺被用来描述资源的有限可获得性，是相对于人们无穷的欲望而言的。一个物品可以成为商品出售，首先是因为它是稀缺的，并不是因为人们的需求，例如阳光和空气，人人都需要，但因为太多，所以不会成为商品。但是淡水资源却越来越少，所以淡水的价格从原来的免费供应，到现在也开始涨价。当一个商品变得稀缺的时候，它就开始变贵了。黄金因为属于稀有金属，所以价格才高。权力人人追捧，因为权力也是稀缺的。

资源的稀缺性是经济学的前提之一。稀缺性对社会、对人们的生活产生巨大的影响，正是稀缺性导致了竞争和选择，促进了社会的发展。想象一下，如果资源不是稀缺的，而是极大富足的，那么世界会完全变样。自然界中就不会有优胜劣汰，不会有厮杀，每个生物都可以得到满足。人们不用工作，不用考虑买房子，因为土地是富足的，不用考虑衣食住行，一切资源都是富足的。那样的世界就没有任何活力，会变成死水一潭，最终走向毁灭。

就像我们的住房紧缺问题，随着人们物质生活水平的提高，我们对住房条件质量的要求也越来越高，很多人不再满足于只能遮风挡雨的小门小户，更多地期望房屋兼具实用性和美观性。而这种实用性则包括住房面积的大小、房屋的舒适性和房屋所处地理位置的便利性等要求，这样，即使人口不增长也会产生住房压力，所以在有限的土地上满足如此庞大人群的需求，住房紧缺就是显而易见的事情了。这也就能很好地解释为何在物质文明高度发达的今天，我们还是会感到资源的稀缺。

稀缺性是人类面临的永恒问题，它与人类社会共存亡。比如穷国政府为把有限的财政收入用于基础设施建设还是教育方面而争论不休时，富国政府也正为把收入用于国防还是社会福利而发愁；当穷人为一日三餐担心时，富人正在纠结是打桥牌还是打高尔夫球。

稀缺性的概念在整个经济理论中起着至关重要的作用，一些经济学家认为稀缺性是经济学存在的前提条件，所以往往用稀缺性来定义经济学。由于稀缺性的存在，决定了人们在使用经济物品中不断做出选择，如决定利用有限的资源去生产什么，如何生产，为谁生产以及在稀缺的消费品中如何进行取舍及如何用来满足人们的各种需求，这些问题被认为是经济学所研究的主题。只有当物品稀缺时，才能被认为是社会财富的一部分。

在生活中，人们的欲望需求总是超过了能用于满足欲望的资源，也正是由于资源的稀缺性引起了竞争与合作。竞争就是争夺对稀缺资源的控制，竞争是社会配置资源，即决定谁得到多少稀缺资源的方式。所谓合作就是与其他人共同利用稀缺资源、共同工作，以达到一个共同的目的。合作是为了以有限的资源生产出更多的产品，因此，合作是解决资源稀缺性的一种有效途径。

31

富商高调征婚为真爱？你大错特错了

凡勃伦效应：一种非正常的耀性消费心态

　　一位禅师给了一个门徒一块非常漂亮的石头，叫他去蔬菜市场试着卖掉它。

　　禅师特意嘱咐门徒说："不要卖掉它，只是试着卖掉它，多问一些人，然后回来告诉我，它在蔬菜市场上能卖多少钱。"

　　门徒到了菜市场，有的人对石头出了价，但最多也只不过是几个小硬币。门徒回来说："它最多只能卖几个硬币。"禅师说："现在你去黄金市场，问问那儿的人。但是也不要卖掉它，光问问价。"

　　门徒从黄金市场回来后，非常高兴，说："太不可思议了，有的人乐意出到1000块钱。"禅师平静地说："现在你去珠宝市场那儿，低于50万不要卖掉。"

　　门徒继而又去了珠宝商那里，让门徒大吃一惊的是，竟然有人愿意出价5万块，门徒谨遵禅师的教导，没有卖掉石头，后来，人们争着叫价，直到价格飙升到50万元时，门徒出售了石头。

门徒回来后，禅师意味深长地说："现在你明白了，石头到底以什么价位出售，关键在于你是否有鉴赏力。如果你不要更高的价钱，你就永远不可能以较高的价钱出售。"

当然可以猜想得出，禅师给予门徒的石头并不是一块普通的石头，否则这样的故事就有些天方夜谭了。虽然以50万的价格购买一块石头，看似非常不理性，但这也说明，高价对于消费者做出购买行为的唆使性。

这一故事反映了经济学中一个著名的效应——凡勃伦效应。

在一般人看来，商品价格越低廉越好卖，然而事实并非如此。商品的价格定得越高，反而越能受到消费者的青睐。消费者身上存在着这种商品价格越高反而越愿意购买的消费倾向，最早由美国制度经济学家凡勃伦所提出，因而被命名为"凡勃伦效应"，它反映了人们进行炫耀性消费的心理愿望。

人们进行炫耀性消费的目的通常并不是为了获得直接的物质满足与享受，而是为了满足自己高人一等的社会心理。由于拥有一些特殊商品更能产生炫耀性的效果，如收藏名画、艺术品凸显品味的不同凡响，购买奢侈轿车显示地位的高贵等。一般而言，这类商品价格定得越高，反而越能促使消费者购买它们。通常来说，随着社会经济的发展，炫耀性消费的趋势只会增加而不会减少。

一个晚会上，一位妇女正在大肆夸耀自己的富有："我经常用温水清洗我的钻石，用红葡萄酒清洗我的红宝石，用白兰地清洗我的绿宝石，用鲜牛奶清洗我的蓝宝石，你呢？"她问坐在旁边的一位老妇人。"噢！我根本就不洗它们。"老妇人答道，"一旦它们稍微沾上了些灰尘，我就随手扔掉了。"

人们普遍具有炫耀的心理，这种心理让商人伺机发财，他们为商品制定了令人咋舌的价格，反而会使一些人对商品产生强烈的拥有欲。

很多富商名流们频频亮相拍卖市场。他们在拍卖会上一掷千金，一幅画作动辄以上千万美元的价位成交，在普通大众看来，这种行为非常不理性。然而这种非理性行为正是来源于购买者的炫耀性消费心理，因为凡·高、雷诺阿、毕加索这些名字已经成为财富和品位的象征，富商名流们往往通过拥有名家的作品来显示自己的高人一等。

与重金购买艺术品一样，富商们在媒体上公开征婚的目的也通常并非为了如愿以偿地找到配偶，因为很少有富商通过高调征婚而寻找到真爱的。从某种意义上说，富商的这种行为也是一种炫耀性消费。按照男权主义的逻辑，女人通常被视为男人的附庸，等同于男人的财产，能够拥有才貌双全的女子自然也是男人拥有财富和地位的象征。所谓"抱得美人归"，与其说是真爱与共，还不如说是富商的另一宗炫耀性消费。

千万不要认为富商不吝一掷千金高调征婚是为了真爱，那只不过是炫富心理在作怪，不过是要通过如此作法来满足他们的征服心理。

32

为什么中秋节万元一盒的月饼你还是乐意买

吉芬现象怪圈：商品定价越高，人们越愿意购买

19世纪，英国学者罗伯特·吉芬在爱尔兰观察到一个现象：1845年，爱尔兰爆发了大灾荒，虽然土豆的价格在饥荒中急剧上涨，但爱尔兰农民反而增加了对土豆的消费。后来，人们为了纪念吉芬，就把吉芬发现的这种价格升高而需求量也随之增加的经济现象叫作吉芬现象，简单地说就是越买越高。

美国人罗伯特·西奥迪尼写的《影响力》一书中有这样一个故事。

在美国亚利桑那州的一处旅游胜地，新开了一家售卖印第安饰品的珠宝店。由于正值旅游旺季，珠宝店里总是顾客盈门，各种价格高昂的银饰、宝石首饰都卖得很好。唯独一批光泽莹润、价格低廉的绿松石总是无人问津。为了尽快脱手，老板试了很多方法，如把绿松石摆在最显眼的地方、让店员进行强力推销等。

然而，所有这一切都徒劳无功。在一次到外地进货之前，不胜其烦的老板决定亏本处理掉这批绿松石。在出行前她给店员留下一张纸条："所有绿松石珠宝，价格乘二分之一。"等她进货归来，那批绿松石全部售罄。店员兴奋地告诉她，自从提价以后，那批绿松石成了店里的招牌货。"提价？"老板瞪大了眼睛。原来，粗心的店员把纸条中的"乘二分之一"看成了"乘二"。

按照正常的供求规律——商品的价格上升，需求量下降，但是为什么绿松石的价格贵了一倍，却销售一空呢？原来供求关系也是有例外的。这与价格上升但需求量却上升的商品——吉芬商品有着密切的有关系。

我们知道，一种商品价格的变化会引起该商品需求量的变化。价格变化，消费者对此会产生两种心理变化：一是价格上涨则意味着消费者的收入变相减少，产生"收入效应"；二是该商品价格上涨，则消费者会去寻求替代商品来代替价格上涨的产品，从而产生"替代效应"。

运用商品价格上涨，就会产生"收入效应"和"替代效应"的理论，就可以解释"吉芬"难题了。在19世纪中叶的爱尔兰，购买土豆的消费支出在大多数的贫困家庭的收入中占据了非常大的比例，于是土豆价格一旦上涨，造成当地贫困家庭实际收入大幅度下降。在这种情况下，变得更穷的居民不得不大量增加对土豆的购买，这样形成的"收入效应"是很大的，它大大超过了因为土豆价格上涨而产生的"替代效应"。由此产生了价格上涨，需求量同步上涨的背离经济学常规的"吉芬现象"。

单就一种现象而言，天底下到处都有吉芬商品或者吉芬现象。很多"北漂"的人们选择在北京城郊结合部租房子住，但是那里的居住环境比市区要差，交通也不太便利，其房屋的性价比也比较低，房屋一般比较简陋。但是却有越来越多的人涌入城乡接合部，其背后的原因就是，虽然城乡接合部的租房价格不断上涨，但相比主城区而言价格还是比较便宜，对于刚刚在北京立足的年轻人来说，选择在这里租房还能享受到相对便宜的房租，哪怕房子的性价比并不高。

可为什么有些东西越贵，人们越愿意去购买？经济学家认为，"吉芬现象"是市场经济中的一种反常现象，是需求规律中的例外，但也是一种客观存在的现象，是人们无法回避的。

例如，天降大雨，地铁口的雨伞尽管价格较平时上涨，但销量还在上升，其关键原因不是价格上涨，而是由于天空突降大雨，行人急需雨伞遮风挡雨，对价格已经不再敏感。在这种情况下，只要价格不是高得离谱，人们就会购买。试想如果雨并不是很大，人们可以赶到商店购买的话，小贩们的高价雨伞自然就无人问津了。

其实，生活中的"吉芬现象"并不少见。最突显的就是这几年来的楼市。房价涨得越来越快，而买房子的人却越来越多，许多没钱的人也在想方设法购买，借钱、按揭、攒钱……无不希望自己"有房一族"的美梦早日成真。

"吉芬现象"还常常被商家利用。为了迎合部分高消费群体的需求，商家也不失时机地推出了高价礼品，价格越高，越能够显出对送礼对象的高度重视。于是中秋节出现上万元一盒的月饼，饭店里出现数十万元一桌的饭菜也就不足为奇了。

生活中，我们要保持理性的消费态度，不崇尚时髦，不追赶潮流，这样才能不被商家所利用，才能避免成为"吉芬现象"的牺牲品。

33

为什么第一个馒头比第六个馒头好吃

边际效用递减：欲望随欲望的不断满足而递减

美国总统罗斯福连任三届后，曾有记者问他有何感想，总统一言不发，只是拿出一块三明治面包让记者吃，这位记者不明白总统的用意，又不便问，只好吃了。接着总统拿出第二块，记者还是勉强吃了。紧接着总统拿出第三块，记者为了不撑破肚皮，赶紧婉言谢绝。这时罗斯福总统微微一笑："现在你知道我连任三届总统的滋味了吧！"

有一个人饿得饥肠辘辘，好不容易遇见一个卖馒头的，他很开心，便跑过去买来吃。吃第一个馒头的时候，他狼吞虎咽，觉得真是好吃啊，可是还不饱，于是开始吃第二个、第三个……直到吃到第六个馒头，他忽然吃不下了，拍拍肚子说：真奇怪，吃了五个馒头都不饱，还是第六个馒头顶用。早知道这样，一开始就吃第六个馒头好了！

上面两则笑话揭示了经济学中的一个重要原理：边际效用递减规律。

虽然是笑话，不过里面也有很深的哲理。第一个馒头对于饥肠辘辘的人来说，无异于救星，所以第一个馒头给他带来的满足感最大，第一个馒头的效用也是最大的；等到吃第二个馒头，他已经不像刚开始那么饿了，所以效用降低了一点。依次类推，第三个、第四个、第五个，效用是逐渐降低的。等到吃第六个馒头的时候，如果他已经吃不下了，你还逼着他让他吃下去，那么无疑他会恨死这第六个馒头的。故事中这个笨人却没有意识到这个道理，所以说了句蠢话。

我们先来看看什么是效用，效用是物品满足人欲望的能力，是消费者在消费商品时所感到的满足程度。当代美国经济学家萨缪尔森把幸福作为一个经济问题进行研究时，他就提出了一个幸福方程式：幸福=效用/欲望。从这个公式来看，幸福取决于两个因素：效用与欲望。当欲望既定时，效用越大，越幸福；当效用既定时，欲望越小越幸福。从经济学的角度讲，效用则指的是人从消费某种物品（或劳动）中得到的满足程度。一般情况下，消费的各种物品越多，所得到的效用也越大。

我们再来看看边际，经济学上认为边际就是最后一个。边际效用是消费某种物品时最后一单位消费所增加的满足程度。总效用是消费一定量某物品与劳务所带来的所有的满足程度。边际效用递减是指对物品的欲望会随欲望的不断满足而递减。如果物品数量无限，欲望可以得到完全的满足，欲望强度就会递减到零。

中国人大多都知道朱元璋"珍珠翡翠白玉汤"的故事。年轻时落魄的朱元璋曾受乞丐的"百家饭"接济而得以活命，他觉得那顿饭是他吃过的世间最好的美味。在其拥有天下吃尽世间美味后仍对那碗所谓的"珍珠翡翠白玉汤"念念不忘，甚至找来当年做饭之人为其烹制，但已吃不出来当年的滋味了。一样的东西为何对朱元璋有不同的效果呢？最后，朱元璋感叹道："肚饥了糠也甜，肚饱了肉也咸。"不同阶段的朱元璋由于环境和社会地位的不同，对物质、精神生活的期待不同，得到的感受也是截然不同的。

现在我们的生活富裕了，我们都有体验"天天吃着山珍海味也吃不出当年饺子的香味"，这就是边际效用递减规律。设想如果不是递减而是递增会是什么结果，吃一万个面包也不饱。所以说，幸亏我们生活在效用递减的世界里，在购买消费达到一定数量后因效用递减就会停止下来。

边际效用理论的应用非常广泛，例如经济学上的需求法则就是以此为依据的，即用户购买或使用商品数量越多，则其愿为单位商品支付的成本越低（因为后购买的商品对其带来的效用降低了）。

了解边际效应的概念，你就可以尝试在实际生活中运用它。

例如，你是公司管理层，要给员工涨工资，给3000元月薪的人增加1000元带来的效应一般来说是比6000元月薪增加1000元大，可能和6000元月薪的人增加2000元的相当，所以似乎给低收入的人增加月薪对公司更有利；另外，经常靠增加薪水来维持员工的工作热情看来也是不行的，第一次涨薪1000元后，员工非常激动，大大增加了工作热情；第二次涨薪1000元，很激动，增加了一些工作热情；第三次涨薪1000元，有点激动，可能增加工作热情；第四次……直至涨薪已经带来不了任何效果。

如果想避免这种情况，每次涨薪都想达到和第一次涨薪1000元相同的效果，则第二次涨薪可能需要2000元，第三次需要3000元……或者使用其他激励措施，例如第二次可以安排员工参加职业发展培训，第三次可以对员工在职位上进行提升，虽然花费可能相当，但由于手段不同，达到了更好的效果。

边际效用递减规律也给经营者另外一些启示，消费者连续消费一种产品的边际效用是递减的。如果企业连续只生产一种产品，它带给消费者的边际效用就在递减，消费者愿意支付的价格就低了。如何改变这种情况？经济领域的产品多样化理论可以解决这个问题。因为，企业不断创造出多样化的产品，即使是同类产品，只要不相同，就不会引起边际效用递减。例如，同是笔记本电脑，根据消费者买电脑的需求，可以做成不同型号，有的消费者买电脑是为了玩游戏且追求时尚，就可以对这类消费者侧重内存、显卡和外观；有的消费者是为了可移动性强，那么就要为这类用户节约重量。这样同是笔记本电脑就成了不同产品，就不会引起边际效用递减。如果是完全相同，则会引起边际效用递减，消费者购买欲就会下降较快。

边际效用递减原理提醒我们：企业要更好地发展，就要不断进行创新，生产不同的产品去满足消费者的需求，减少和阻止边际效用递减。

34

你需要多少件“狄德罗商品”才满足

配套效应：不懂搭配，就不懂得生活

法国人丹尼·狄德罗是18世纪欧洲启蒙运动的代表人物之一。他才华横溢，在文学、艺术、哲学等诸多领域做出了卓越贡献，是当时赫赫有名的思想巨人。

有一天，一位朋友送给狄德罗一件质地精良、做工考究、图案高雅的酒红色长袍，狄德罗非常喜欢，马上将旧的长袍丢弃了，穿上了新长袍。可是不久之后，他就产生了烦恼。因为当他穿着华贵的长袍在书房里踱来踱去时，越发觉得那张自己用了好久的办公桌破旧不堪。

于是，狄德罗叫来了仆人，让他去市场上买一张与新长袍相搭配的新办公桌。当办公桌买来之后，狄德罗又马上发现了新的问题：挂在书房墙上的花毯针脚粗得吓人，与新的办公桌不配套！狄德罗马上打发仆人买来了新挂毯。

可是，没过多久，他又发现椅子、雕像、书架、闹钟等摆设都显得与挂上新挂毯后的房间不协调，需要更换。慢慢地，旧物件挨个都更新完了，狄德罗得到了一个神气十足的书房。

　　这时，这位哲人突然发现"自己居然被一件长袍胁迫了"，更换了那么多他原本无意更换的东西。于是，狄德罗十分后悔自己丢弃了旧长袍。他还把这种感觉写成了一篇文章，题目就叫《丢掉旧长袍之后的烦恼》。

　　整整过了200年之后，在1988年，美国人格兰特·麦克莱肯读了这篇文章，感慨颇多。他认为这个案例具有典型意义，集中揭示了消费品之间的协调统一的文化现象，并借用狄德罗的名义，将这一类现象概括为狄德罗效应，也称为配套效应。

在人们的观念里，高雅的长袍是富贵的象征，应该与高档的家具、华贵的地毯、豪华的住宅相配套，否则就会使主人感到"很不舒服"。这种配套效应在事物的联系中为整个事物的发展提供了动因，从而促进了周围事物的变化发展和更新。

狄德罗效应在生活中可谓屡见不鲜。在服饰消费中，人们会重视帽子、围巾、上衣、裤子、袜子、鞋子、首饰、手表等物品之间在色彩、款式上的相互搭配。在装修时，人们会注重家具、灯具、厨具、地板、电器、艺术品和整体风格之间的和谐统一。这些都是为了实现配套，达到一种和谐。

很多人都有这种经历：在外出购物时明明只想买一样东西，结果却买回了一大堆。比方说，出门时只想买一件衬衫，但买下衬衫之后，又觉得跟裤子不配套，于是又去买了一条新裤子。穿上裤子，又觉得皮鞋的式样不般配，只好又去买皮鞋。回到家才发现，原本只想花几十元钱，最后却花了好几百元。

市场上的商品种类可谓五花八门，琳琅满目。但是这些商品之间往往有着一种搭配关系。各种不同的消费品，虽然满足的是不同的生活需求，但如果它们都是与某种生活水平相一致的，这些消费品就是相互搭配的。如果人们的这些消费需求之间构成了一个系统，那么满足这些需求的消费品也构成一个完整的系统。如果其中某个物品缺失，就会导致生活水平的降低和消费心理上的缺憾。

对于那些非必需的东西尽量不要。因为如果你接受了一件，那么外界的和心理的压力会使你不断地接受更多非必需的东西。

35

就算被商家骗了100次，你还是会被骗第101次

消费陷阱：商家挖个"坑"，让你往里跳

张明夫妇很想买款数码摄像机。某个月他们在逛某家电数码城时，看到一款数码摄像机正在搞8折促销活动。这款数码摄像机他们看了之后，也比较中意，并且商家还跟他们说，过了这个村，就没有这个店了，这是最后一天搞打折活动了，如果现在不买，就没机会便宜买到了。

听商家这样一说，张明夫妇便动了心，把这款数码摄像机买了下来。没想到，1个多月后的一天，张明的爱人陪朋友去另一个家电数码城买数码相机时，发现在这里出售的和他们购买的一模一样的数码摄像机，竟然比他们购买的打折后的价格，还要便宜300多元，并且服务员还告诉她，他们的这款数码摄像机1年多了，一直就是这个价。

张明爱人听了后，很是不快，没想到现在的商家竟然如此的黑心，欺骗消费者。但现在他们夫妻已经使用相机一个多月了，再说想去退，也找不到适当的理由，只好自己吃了哑巴亏。

现在，很多商家为了让自己的商品卖得好，获取更多利润，利用消费者的购买心理，制造各种陷阱，制造各种噱头，诱使消费者上当。上面的事例就是一个典型。

在市场上，我们经常可以看到"一洗黑"的洗发新产品，这一类洗发水大都宣传是纯天然植物制成，使用后头发很快就能变黑，安全又方便。中央电视台《每周质量报告》曾曝光了"一洗黑"背后的秘密，多个品牌的"一洗黑"洗发水实际上就是添加但未标明加入了"对苯二胺"的染发剂。而标明自己是纯天然成为它最大的噱头，如标称为"首领一洗黑草本精华洗护套装"，每盒售价168元，比市面上的普通洗发水贵上数倍。

以"天然"之名对产品进行宣传，进而实施高价格销售，是商家经常使用的手法之一。天然食品流行的最重要的原因，是因为不断有食品危害身体健康的消息出现，很多人认为天然食品更好。于是商家应顾客之所需，市场上便大量出现了所谓的"天然食品"。消费者通过理性分析可以知道，市面上不可能有这么多天然食品，绝大部分的天然食品是假借"天然"的噱头。

由此看来，很多商家其实都可以说是在以"天然"之名行欺诈之实。消费者在消费过程中一定要注意类似的消费陷阱。媒体上，有关消费陷阱的例子不胜枚举，大学生、教授、政府职员和家庭主妇屡屡上当受骗的新闻经常见诸报端。毕竟消费者还是"肉眼凡胎"，面对五花八门、形形色色的诈骗伎俩，可谓防不胜防。

仔细研究一下那些形形色色的骗术，实际上并不复杂，也不高明，多是些"草台班子"的小儿科作品。但就是这样的弱智骗术，仍然会让高智商的大学生和专家学者们上当受骗。而消费陷阱为什么会屡屡出现呢？

首先是那些消费者们耳熟能详的名人们。他们代言了自己根本不会使用的产品，仅仅因为给了钱，就成为企业产品的"应声虫"，屡屡曝光出明星代言的产品出现问题就反映了这一点。

其次是那些充当假冒伪劣产品欺诈平台的电视媒体。整日整夜狂轰滥炸的低俗广告，有些电视台在播放电视剧时，广告时间甚至是电视剧时间的数倍。于是，几个俄罗斯人穿上白大褂，就变成了哈佛教授；明明就在郊区生产，转眼便成了"德国原版"；"纳米""基因"技术，实际上不过是一块普通的线路板……

面对越来越多的选择，市场上的商品质量良莠不齐，很多商品以次充好、以劣充优。

商家设置陷阱的手段固然高明巧妙，但说到底还是看中了消费者的贪便宜、图实惠等心理，诱使消费者上当受骗，屡屡中招。

在消费活动中，我们应该保持警惕心理，学会用理性的经济学头脑分析、识别市场上商家的各种行为，同时要了解各种产品知识，尽可能扩大自己的知识面，这样才能识破商家的把戏，识别商品的真假，避免上当受骗。

36

当你看到"免费"的字样时，要格外小心

免费午餐骗局：那些白送你的"好处"是有意图的

从前，有位爱民如子的国王，召集国内所有贤士，命令他们找一个能确保人民生活永世幸福的法则。

3个月后，贤士们把3本3尺厚的帛书呈给国王，说："国王陛下，天下的知识都汇集在这3本书内。只要人民读完它，就能确保他们生活无忧了。"

国王想大多数人生性懒惰，不会花那么多时间去看书，所以命令这帮贤士继续钻研。

又过了3个月，贤士们把3本帛书简化成一本。国王还是不满意。

再过了3个月，贤士们把一张纸呈给国王。

国王看后非常满意地说："很好，只要我的人民都要拥有这宝贵的智慧，我相信他们一定能过上富裕幸福的生活。"说完，便重重地奖赏了这帮贤士。

这张纸上只写了一句话：天下没有免费的午餐。

这是一个被"免费"萦绕的时代：走进一家精品面包店，店员会热情地递上各种新鲜样品供试吃；在网上下载一张免费券，可以去某个人气会所体验一次完全不收费的SPA；在社交网络上集齐某个帖子的点赞数，或许还能赢得某个新款数码产品的试用机会……

看起来人人都爱享用"免费午餐"，但打着免费旗号的商家们提供的产品和服务，真的是免费的吗？如果仔细探究，你会发现所谓"免费午餐"背后，商家生意经多多，各种花招和陷阱层出不穷。

19世纪末的美国就已经出现"免费午餐"现象，一些酒吧为吸引顾客进来喝几杯，宣布只要买上一杯酒水，就可以享用一顿免费午餐。不过，当时很流行的这种"传统做法"被指颇有心机：因为在这些酒吧提供的免费午餐餐单上不乏高盐食物，比如火腿、奶酪和咸饼干等，以致许多为免费午餐而来的顾客最后为解渴买了更多饮料。

著名作家拉迪亚德·吉卜林在1891年就记录过这样缺乏美感的一幕：为免费午餐而来的人们中不乏戴着礼帽的绅士，一进酒吧他们就把帽子扔在身后，挤在餐食柜台前狼吞虎咽。

当大部分消费者没有太多思考就高兴地接过那些"免费午餐"时，商家们多半不会告诉你，他们就是希望那些年轻时尚的大城市人群会尝试这些免费产品，进而喜欢上它们，然后热烈地讨论它们，最好是在社交媒体上。如果这些环节都可以按计划发生，那么产品全国性销售的增长将会拉开大幕。

芝加哥大学布斯商学院市场营销学教授让·皮埃尔·杜布表示，免费派发产品并没有商家宣传的那么夸张，恰恰相反，免费产品的成本来自商家的市场营销预算。比如，当你购买一项宣称带有免费课程的滑雪度假产品时，所谓课程当然不是免费的。"你所购买的套餐价格，已经包含了'免费课程'的费用。"他认为，"宣称'免费'给予东西，这毫无疑问是一种市场营销手段。"

天下没有免费的午餐，"免费"不过是个幌子，在那些令人怦然心动的利益背后，必有让人意想不到的阴谋。没有投入何谈产出，就像经济学中成本与收益的概念，人人都希望收益大于成本，但这怎么可能呢？

在经济学中，收益最大化与成本最小化是永恒的主题。因此，要想取得最大利润，就要遵循成本最小化原则。不过，成本最小化须限定在合理的范围内，否则也是没有收益的。

人人都想获得更大的利益，这是经济人利益心态的驱使。只有持续、健康地付出后，你才会获得理想中的收获，假若是免费的，那只是表象，千万要小心谨慎。那些白白送你的"好处"都是充满危险的，因为它们通常不是涉及一个骗局，就是其中隐藏着你不愿意付出的义务和责任。

任何事情都是有成本的。没有投入，自然就没有收益。偏偏有人总想占便宜，一次次地被利益牵着鼻子走，一步步地陷入挖好的陷阱，最终后悔不已。永远要记住：一切有价值的东西都需要你为之付账。

"君子爱财，取之有道。"世界上没有免费的午餐，也没有白得的利益，免费午餐的背后一定潜藏着阴谋。擦亮双眼，辨明真伪后，再从容行事，为贪一时利益而付出的代价一定远远大于走正常途径所付出的代价。

37

你认为的"霉运"，有时会为你带来幸运

"好的开始"陷阱：坏的开始比好的开始更易使人成功

有一段时间，在政治上受到打击的丘吉尔整日神情抑郁，全家人看在眼里，急在心里。一个邻居的妻子刚好是一位画家，家里常常堆满了各种各样的颜料、画笔、画布以及画好的作品。丘吉尔一家常常有机会欣赏那位邻居的杰作。后来在家人的劝慰下，丘吉尔开始跟他的邻居学习油画。

丘吉尔在政治舞台上是一个敢作敢为的政治家，可是对着那张干净整洁的画布，他半天都不敢下一笔，生怕出一点差错。那位女画家见了，索性将所有的颜料全倒到了画布上。丘吉尔一见那画布上已经满是颜料了，于是就拿起他的画笔开始在画布上任意涂抹起来，就这样丘吉尔画出了他的第一幅作品。虽然并不完美，但那毕竟是一个很大的突破了。

从此丘吉尔开始放开手脚画画了。经过不断地练习，丘吉尔终于在画技上有了长足的进步。最后丘吉尔不仅给画坛留下了大量思维大胆、风格各异的油画作品，而且还恢复自信，并东山再起，创造了一番惊人的政治业绩。

这个故事告诉我们，如果没有好的开始，你不妨试试一个坏的开始，因为一个坏的开始要比永远没有开始要强得多。

好的开始可能等于成功的一半，坏的开始至少等于成功的三分之一。刚开始肯定会离成功很遥远，但是不必害怕，勇于实践就行了，努力做到自己的最好，不管实际如何，没有天时地利人和，一个坏的开始也不要紧，重要的是不断去完善。

众所周知，人类即使再聪明也不可能把所有事情都做到完美无缺。正如所有的程序员不敢保证自己在写程序时不会出现错误一样，容易犯错误是人类与生俱来的弱点。想取得成功，我们就不能存有畏惧心理，想方设法回避错误，而是要正视错误，从错误中汲取经验教训，让错误成为我们成功的垫脚石。

关于这一点，丹麦物理学家雅各布·博尔就是最好的证明。

一次，雅各布·博尔不小心打碎了一个花瓶，但他没有像一般人那样一味悲伤叹惋，而是俯身精心地收集起了满地的碎片。他把这些碎片按大小分类称出重量，结果发现：10~100克的最少，1~10克的稍多，0.1克和0.1克以下的最多；同时，这些碎片的重量之间表现为统一的倍数关系，即较大块的重量是次大块重量的16倍，次大块的重量是小块重量的16倍，小块的重量是小碎片重量的16倍……

于是，他开始利用这个"碎花瓶理论"来恢复文物、陨石等不知其原貌的物体，给考古学和天体研究带来了意想不到的作用。

事实上，我们主要是从尝试和失败中学习，而不是从正确中学习。例如，超级油轮卡迪兹号在法国西北部的布列塔尼沿岸爆炸后，成千上万吨的石油污染了整个海面及沿岸，于是石油公司才对石油运输的许多安全设施重加考虑。还有，在三里岛核反应堆发生意外后，许多核反应过程和安全设施都改变了。

可见，错误具有冲击性，可以引导人想出更多细节上的事情，只有多犯错，人们才会多进步。假如你工作的例行性极高，你犯的错误就可能很少，但是如果你从未做过此事，或正在做新的尝试，那么发生错误在所难免。发明家不仅不会被成千的错误所击倒，而且还会从中得到新创意。在创意萌芽阶段，错误是创造性思考必要的副产品。正如一句名言所说的："假如你想打中，先要有打不中的准备。"

现实生活中，每当出现错误时，我们通常的反应都是："真是的，又错了，真是倒霉啊！"这就是因为我们以为自己可以逃避"倒霉""失败"等，总是畏惧挫折和失败。殊不知，错误的潜在价值对创造性思考具有很大的作用。

人类社会的发明史上，就充满了利用错误假设和失败观念来产生新创意的人。哥伦布以为他发现了一条到印度的捷径，结果却发现了新大陆；开普勒偶然间得到行星间引力的概念，却是由错误的理由得到的；爱迪生也是知道了上万种不能做灯丝的材料后，才找到了钨丝……所以，想迎接成功，就要先放下你的畏惧心理，加强你的"冒险"精神。遇到失败，从中汲取经验，尝试寻找新的思路、新的方法。

正如纪伯伦说：在每个开始中间都有过去，在每个过去中间都有开始。总的来说，开始是这么一个东西，它让人可以丢下不满的现状，进入到一个全新的希望中去，但正是因为全新，所以你会损失很多过去。花费你的一部分过去去购买一个未来，那就是一个开始的价值。

万科典当了自己的多元化，购买回来一个专业化的未来。丘吉尔典当了自己的失败，购买回来一个自信的未来。你的过去应该典当吗？你购买的未来真的为你而来？这是每一个人在开始之前值得思考的东西。

38

即使你预测的万分精准，仍有万分之一的测不准

预测谬误：上帝只知概率而无法知道结论

2010年5月，全球知名投资战略大师麦嘉华在接受彭博社采访时，预测中国经济将在9—12个月内崩溃，而在那一年中国的经济实现了高速增长。

Google数据显示，"双底衰退"一词在2010、2011年共被提到1080万次。但这从来没有发生；而2006、2007年基本上没有人提到"金融崩溃"，但它真的来了。

希腊总理帕潘德里欧面对国家破产危机依然沉着冷静地预测，希腊能够自救，不需要外部资金支持，但仅过一周他就向欧盟请求帮助。

在俄罗斯外交部下属外交学院供职的伊戈尔·帕纳林预言，由于金融危机、移民者问题，美国将在2010年7月左右分裂成6个小国。但直到如今，美国依然是世界超级大国。

......

巴西蝴蝶扇动的翅膀就可能引发德克萨斯州的飓风，人类身处在一个非线性的物理体系中，初始条件的细微改变就可能对未来演化产生不可预知的巨大影响，这样我们又如何精确预测未来！

预测似乎是人类的一种深切的心理需求、一种潜在的天性：我们想要掌握未来，我们讨厌对未来一无所知的感觉。但是现实世界总是充满了不确定性，预测性谬误反而会干扰我们的判断。

1900年12月14日，"量子"这个词诞生了，从此世界不再是连续的，这彻底颠覆了牛顿等人建立的传统物理观，也将人类认知的方式从已知、确定的宏观世界转向了不确定、不可测的微观世界。而当人们通过历史数据分析，以归纳性思维去预测未来时，就不得不提起上帝的骰子。

"上帝掷骰子"是由量子力学的数学公式推导出来的一个结论：宇宙的变化从一个确定的方程变成了一个概率分布，上帝只能知道概率而无法知道确切的结论，他必须时刻"掷骰子"来决定下一秒我们的宇宙的样子。简单地说就是在微观世界中，物质是以"概率"而不是"确定"存在的。如果不理解这一点，那么从事任何具有较高不确定性的投机，都会遇到很多麻烦。比如，我们根据A股市场的历史平均市盈率预测点位；根据日本的房地产市场走势预测中国；根据企业历史财务数据预测企业未来……任何以归纳性思维去预测未来的都注定存在谬误。

事实上，历史进程的不确定性是整个宇宙普遍存在的现象，即使是自然科学发现的所谓规律，如果放大到无限的时空范围内，都有可能失效，因此自然科学对世界的预测和判断也仍然是不准确的，海森堡学派提出的"测不准原理"就是一个最好的明证。所以我们永远也摆脱不了不确定性这一条铁律，虽然我们的知识在不断地增长，但是人类的认识能力限制必然制约认知的内容，对于庞大、复杂、浩瀚的自然界而言，这种知识的增长根本微不足道。

最后，回到"上帝掷骰子"这个问题。在大数据时代，人类的一些随机行为突然变得可以"预测"了，这就像掷骰子一样，虽然每次掷的点数无法预测，但整体是有规律可循的：大约每掷5到7次就会出现一次6，而掷100次都不出现6的可能性几乎为零。某些可以确定的因素导致了"上帝看上去在掷骰子"，但事实上这也不过是概率而已。预测的谬误总是无法避免的，我们不过都是薛定谔的猫，没打开盒子之前，既生又死。

而为了避免出现预测性谬误，最好的办法是尽可能不要去预测。如果必须去做预测的话，有效的方法就是将不确定性控制在一个相对确定性的范围内。投资大师巴菲特就是这样"预测市场"的，他认为某种生物或个体智慧的程度，恰恰正比于其预测的精度和时间跨度。而金融市场的预测，在其变成科学之前最好集中精力于拉开时间跨度——做长期的预测，忽略短期的波动。

未来是难以预测的，存在大量不确定性。在预测这个领域，错误总是难免，我们能做的就是端正对它的态度。

39

专家预测是真还是假？ 你其实并不很清楚

某位基金经理，非常善于忽悠。

第一周他寄10000封信，预言甲股票的涨跌。其中5000封说涨，5000封说跌。

第二周，这位基金经理向其中说对的5000人再寄一封信，其中2500封说乙股票涨，2500封说乙股票跌。

第三周他再向说对的2500人发短信，其中1250封说丙股票会涨，1250封说丙股票会跌。

最后有1250人，发现这位基金经理连续3次说对了，简直太了不起了。其中有500人真的把钱交给他投资了。当然，如果赚钱是要分成的。

基金经理拿到钱后会做什么呢？他会给这500个不同的账户各买一只股票，尽量让这些股票各不相同。一段时间过后，股票有的涨，有的跌。

如果一个人的账户买了一只涨的股票，他对基金经理就会更加信赖，甚至还会追加投资。

假如碰到一个大牛市，大部分时间里大部分股票上涨

概率大大超过下跌。因此，基金经理的这种模式是非常有
"钱"途的。

假如来了个大熊市，大部分股票在大部分时间下跌超过
上涨，基金经理也不用负责。

这可能就是你所相信的专家预测。

在现实中，我们从网络上、从新闻媒体中可以看到很多专家在做各种金融投资预测，对于牛熊市、个股股价、房价走势、经济增长等各种金融和经济问题做出判断和预测，并且有理有据，看起来很高深的样子。那么，这些专家的预测靠谱么？

虽然专家的预测不会像故事中"基金经理"那么荒唐，但是也不是很可靠。留心一下就会发现，专家们在不同时间会做出不同的预测，而在市场明晰的时候，他们又会挑选自己之前做出过的正确的判断，而有意或者无意忽略那些错误的预测，以此来证明自己高于常人的预判力。更多的时候，专家会给出一些模棱两可的建议，比如"按照目前的趋势，股市将维持上涨，但是也不排除一些意外因素带来干扰。"这种谨慎的乐观，其实是一种两边下注。当然，有时候专家的预测确实很准确，甚至连续几次给你带来帮助，但是从长期来看，专家的预测常常是失灵的，道理很简单，如果真的持续有效，市场上大多数人就是赚钱的了。

"股神"巴菲特素有"奥马哈的先知"之誉，他所做的各种成功投资也为人们津津乐道。那么，巴菲特对市场预测的态度是什么呢？一般来说市场预测的目的，是预测出市场的波动，进而控制风险战胜市场。而巴菲特认为，预测市场不但愚蠢而且危险。

巴菲特在1957年至今的致股东信中，多次谈到了他对市场预测的态度。

"我无意于预测股票市场，我主要的精力是寻找被低估的证券。"（1958年）

"我们认为去测量大盘的波动情况并试图预测其未来走势的做法，在长期而言是很愚蠢的做法。"（1963年）

"我们深信对股票或债券价格所做的短期预测根本是没有用

的。预测这件事或许能够让你更了解预测者本身，但对于了解未来却是一点帮助也没有。"（1980年）

专家的预测精度确实要高于普通人，但是我们也应该注意这样一句话——"一旦有了一定的基本知识，那么更深的行业知识对于提高预测的准确率没有任何帮助"。反而很多时候，通过寻找统计学特征，我们可以更好地做投资。

诺贝尔奖得主丹尼尔·卡尼曼曾经指出："人类在处理复杂信息时呈现出不可救药的不一致。当人们被要求就同一问题做出多次判断时，他们经常会给出不同的答案。"越来越多的研究表明，在面对复杂问题时，一个简单的公式或者系统往往比人类，甚至是专家的判断要可靠的多。

普林斯顿大学计量经济学家奥利·阿什菲尔特教授通过天气的三个特征：夏季生长期的平均温度、丰收期的降水量以及上一个冬季的降水量——来预测葡萄酒的价格。他研究了1952至1980年期间波尔多地区的气象资料，对照拍卖行的波尔多葡萄酒价格曲线，利用计量经济学上的横截面数据回归分析法，推导出一条葡萄酒品质公式：

葡萄酒品质 = 12.145 + 0.00117 × 冬季降水量 + 0.0614 × 生长期平均气温 − 0.00386 × 采收期降水量

这是一个非常奇妙的公式，投资者把任何产区、任何年份的气象数据代入这个公式，都能推算出该产区该年份的葡萄酒品质，品尝期酒不再是一种必要行为。这个公式有多灵验呢？阿什菲尔特曾在1989年的波尔多葡萄酒刚转入橡木桶不久，就成功地推算出1989年的品质超过1961年；1990年的葡萄采收不久，阿什菲尔特又算出1990年的波尔多超过1989年。

1952年马克威兹发表了一篇题为《投资组合选择》的论文，该理论框架主要思想是将方差用于量化风险，并以此为基础建立风险—收益分析框架，成为现代投资组合理论的开山之作。

近年来，传统的MBA不再是华尔街的宠儿，有统计背景、数理能力强的人才反而变得十分抢手。华尔街取才原则的转向，也从侧面反映了金融投资的未来潮流。随着大数据时代的到来，数字已成为传递信息最直接的载体，大量的数学与统计工具将在分析研究中发挥不可或缺的重要影响。

统计学的基础，就是根据以往发生的情况，来推断下一波事件发生的规律。而这些适用于任何领域并逐渐成为发展的基石，股票市场也不例外。我们知道A股市场经过26年的"新陈代谢"，到2016年12月一共有3000余只股票参与交易，从样本数量及时间长度上来看，都出现了统计学意义。而对于个股来说，不管从短线还是中长线角度出发，只要交易都会有概率的问题。

投资者应该努力掌握一点统计学知识，逐步建立自己的交易系统，最终符合统计学的要求，形成统计学的优势。当你做到了这一点，你就会发现自己已经具有了独特的投资优势：你的心理状态将会非常稳定，因为在配置一个股票的时候，你就已经知道，你要面对统计学上的结果，不论是有4个股半年内下跌超过20%的冲击，还是一个股一日内涨过20%的喜悦，都能坦然面对。更重要的是，你将学会用统计学的视角来思考和尝试更多的胜率，比如在同样的条件下，低估值的市场，长期收益率更高；稳定分红回购+业绩增长的股票，业务真实性高，胜率高等。

40

数字轮盘如何搞得我们晕头转向

赌徒谬误：为何赌徒都是输光才走

1913年8月18日，在蒙地卡罗的一间赌场里，赌徒们正在玩一场轮盘游戏。场内的气氛已经白炽化，因为黑色不可思议地连续出现了十五次！赌徒相信马上就要开出红色了，于是他们开始近乎疯狂地去押红色，结果接下来一局局仍然是黑色。当黑色连续出现了20次以后，疯狂的赌徒们进一步加大了他们的赌注——所有人都认为在黑色连续出现了20次以后，再出现黑色的可能性已经不到百万分之一了。但是事情就是这么诡异，黑色创纪录地连续出现了26次，不少人输得倾家荡产，而这间赌场却赚得盆钵满盈。这就是赌徒谬误。

还有一个有趣的例子，就是德国神奇章鱼"保罗"（全名"保罗·爱伦"，2008年1月26日出生于英国的多塞特，生活在德国的奥博豪森海洋馆，最爱食物为贻贝。2010年当地时间10月25晚间即北京时间10月26日上午，章鱼保罗在德国的奥博豪森水族馆去世，享年2岁半），它准确预测2010世界杯半决赛西班牙击败德国，缔造了世界杯战果预测6连中的完美纪录，在互联网上被传得沸沸扬扬，一时间风光无限。而据

《星岛日报》报道，一名资深赌徒在保罗连中5次之后，坚定地认为它最后一次肯定中不了，从而押注德国，结果输掉历届世界杯最大额赌注50万欧元，血本无归。

赌徒谬误是生活中、投资中常见的错误推理，人们经常会以为随机序列中一个事件发生的机会率与之前发生的事件有关，即其发生的机会率会随着之前没有发生该事件的次数而上升。就像在轮盘游戏中，人们认为黑色已经连续出现太多次，正所谓"风水轮流转"，再出现黑色的可能性已经不大了；又比如我们在买彩票的时候，一般都不会选择上一次中奖的号码，因为觉得不可能连续两次中奖都是同一个号码。

连开26次黑色的轮盘游戏和"章鱼哥"的故事给了我们一个启示：很多人都有这种赌徒心态，但它正是很多时候导致我们失败的"元凶"。比如，我们不妨问问自己，一个股票连续5天大幅上涨后，很多股民都认为其马上就会下跌，你是否也是这么认为的呢？

当投资者把赌徒谬误移植到股票市场时，他们认为自己发现了某种趋势，事实上这不过是错觉。当然，我们并不是说股票市场价格是完全不可预测的，在全面考虑各方面情况时，的确可以在某种程度上对价格做出预测。但是，投资者总是错误地假设股票价格在经历过一段时间的上升之后要比经历过下跌更容易保持上升的势头，同样，股票价格经历过下跌之后要比经历过上升更容易发生进一步的下跌。

投资者从情感上希望自己坚持这种观点，同时往往忘记了数据模型仅仅是真实世界的代表这一事实。然而，这并不是一个自欺欺人的简单例子。

这种"赌徒谬误"错觉一直存在，甚至在人们已经认识到了这种错觉特征的情况下还是一直存在。而且这种现象非常普遍，不仅存在于投资领域，同时还存在于其他类型的人类活动中。

例如，在篮球运动中，人们习惯于把连续投篮成功的球员叫作

"手热"。

如果篮球队员投篮连续命中，球迷一般都相信球员"手感好"，下次投篮还会得分。

这使很多有经验的球员、教练以及球迷相信球员在投中一个球之后比投丢一个球之后更容易投进下一个球。

第一次投篮和第二次投篮是否命中没有任何联系，即使卡尼曼和特韦斯基，通过统计数据证明了所谓"手热"只是人们的幻觉，球员在投中球后与投丢球后投中下一个球的概率是一样的，但人们还是坚持这样的看法。

谁是这种错误理论的铁杆支持者呢？是那些有经验的球员、教练及球迷。在股市中，这种荒诞的专家并不在少数。

在证券投资市场上，行为金融学也有关"赌徒谬误"的心理分析，简单说就是人们似乎总愿意相信在一系列随机事件发生之后，再度发生同样事件的机会将会大大降低，可惜投资市场的"黑天鹅"总喜欢不期而至。不根据具体经济周期和经济运行相关情况严格推理，只是简单认为市场涨得多了或是涨得久了就肯定会下跌，跌得多了或是跌得久了就一定会上涨，然后据此大胆进行卖出买入的投资谋利，这种投资实质是投机，风险不亚于赌博。

不得不说，赌徒谬误确实是投资的一大心理障碍，虽然很多时候投资者也会意识到这种心态其实是非理性的，但被市场行情冲昏头脑的时候往往会陷入这样的谬误无法自拔——在股价连续上涨或是多次投资获利后会变得小心翼翼，倾向于立即抛售持有的股票以锁定赢利；而在股价连续下跌或是投资多次亏损时又变得偏好风险，极不愿抛售持有的亏损股票而坐等上涨。

要战胜"赌徒谬误"的心理障碍，投资者需要学会努力控制住自己的情绪，不要试图凭借简单的短期趋势来预估以后的市场。

41

为什么飞机被认为是最危险的交通工具

可得性概率偏差：最易得的信息往往最不靠谱

有这样一个问题：在交通工具中，飞机、火车、汽车，哪种更危险？

很多的朋友下意识地说飞机最危险，那么我们来看一组来自英国的统计数据（1996到2005年）。

客运铁路死亡总人数：72人（每年死亡人数超过7人）

客运铁路行驶总路程（公司和通勤）：145011亿英里

每10亿英里的乘客死亡人数为：0.497人

公路死亡总人数（司机/乘客）：379117人（平均每年死亡人数37912人）

车辆行驶总路程：27615亿英里

每10亿英里的乘客死亡人数为：13.729人

而遭遇一次飞机失事的概率大概为1/1100万，这是一个非常小的概率。比较起来说，一个人驾驶汽车去机场的路上发生事故的概率远远高于其到机场搭乘飞机发生事故的概率。

为什么在人们的心目中，飞机被认为是最危险的交通工具呢？这与行为金融学中的一个习惯性错误有关——可得性概率偏差。

所谓"可得性概率偏差"，是指人们往往根据认知上的易得性来判断事件的可能性，而忽视对其他信息的关注和进行深度发掘，从而造成判断的偏差。

我们更容易被自己所看到或者听到的东西影响，而不是用统计学知识去思考问题，从而造成判断误差。比如人们认为作为交通工具飞机比汽车危险，这其实与媒体的宣传报道有关。媒体对飞机的关注度远远大于对火车和汽车的关注度，一次小小的飞机故障就可以成为电视、报纸、网络上连续数天甚至数月的新闻，而火车只有脱轨的事儿才能见诸媒体的报道，更不要说汽车了。所以，飞机的媒体曝光率最高，这些易得性的信息自然也就影响了人们对于飞机安全性的主观评估。

人们通常会根据一些容易想起来的事情来判断一种类别出现的频次或者事件发生的概率。这种行为从好处来说可以简化人们的决策过程，而它的缺点却更为明显——最容易记忆提取的事情，并不一定是发生概率最大的事情，这里面有极其强烈的主观因素，比如情绪、比如对权威的屈从、比如对新闻报道的热衷、比如对股市专家预测的迷信。

那么，我们是如何从思维上落入"可得性概率偏差"的陷阱的呢？

首先，获取信息的方式和过程导致了一定程度上的偏差。以新闻阅读为例，每个人阅读新闻的习惯、获取新闻的渠道都不同，这会导致你在接受新闻信息时，偏向某一类的新闻，而忽视其他的新闻，而信息技术的发展使新闻客户端会更集中地推送你固定感兴趣的新闻事件。在遇到某一件事时，如果你不假思索，不做调查地用大脑所能提取的信息来作为判断的依据，那么系统性的偏差就必然会产生。

其次，个体的想象。你能想到自己的"联想"会给你的判断带来多大偏差吗？如果一个容易被想象的事件能够被判断为更可能发生的事件，那么对于一个事件的刻意想象可以增加其易得性，从而使它更可能发生。比如一个对星座感兴趣的人，在做某些具体的事情时，会情不自禁地想到自己被描述的星座特质，进而做出符合星座性格的判断，因为这样做的时候，他便是在"证实"，这样做要更加"易得"。

最后，一个动人的故事、一个生动的描述对我们的影响是非常巨大的。因为生动的描述能够充分调动我们的想象力，因此生动的描述也可以使人们的决策产生偏差。当媒体向你生动地描述一件事情（无论是正面的还是负面的），相信你的感受肯定会比这件事实际上带来的感受更有冲击性。

在金融投资领域，"可得性偏差"陷阱也很常见，股市中散户经常出现的一些偏见性错误就是由可得性偏差导致的。

这样的例子实在太多了。散户们购买被新闻广泛报道的股票的交易量要远远高于那些没有被新闻报道的股票——别人在买什么，新闻里报道什么，就不管三七二十一跟着买进去再说；因为容易获得股价的历史数据，就过分依赖K线和指标进行决策；因为容易获得公司的财务指标，就仅仅分析财务指标进行PE（市盈率）、PB（平均市净率）等"估值"来决策等。

举了这么多例子，希望可以提醒大家，我们总会受天生的非理性行为习惯的影响，一个聪明的投资者，需要知己知彼，先充分了解自己人性的弱点，然后才可能通过建立一些有效系统，坚持独立思考来抵御自己非理性的弱点。

只有做一名理性的投资者，才可能在资本市场上增加自己获胜的可能性。

42

宁要模糊的正确，也不要精确的错误

小数法则：人为夸大小样本事件的发生概率

多年前的一个下午，美国两位著名的教授特韦斯基和约翰·杜伊正坐在芝加哥的一间咖啡馆里悠然地喝着咖啡。特韦斯基看似随意地向杜伊教授提出了一个问题：有两家医院，在较大的医院每天都有70个婴儿出生，较小的医院每天有20个婴儿出生。众所周知，生男生女的概率为50％。但是，每天的精确比例都在浮动，有时高于50％，有时低于50％。在一年的时间中，每个医院都记录了超过60％的新生儿是男孩的日子，你认为哪个医院有更多这样的日子？

资深的统计学教授杜伊教授钻进了圈套，他认为较大的医院有更多超过60%的新生儿是男孩的日子。

这是一件非常有趣的事：一个整天向学生灌输大数法则的教授，自己居然不相信大数法则！

统计学教授如此，普通人又如何呢？

特韦斯基为此又做了一系列实验，结果发现仅有22%的受试者给出了正确的回答：较小的医院会有更多这样的日子。

大数法则是统计学的基本知识，我们知道大数法则需要很大的样本数才能发挥作用，因为随着样本的增大，随机变量对平均数的偏离是不断下降的。所以，大医院的数据会更均衡一些。这一基本的统计概念显然与人们的直觉是不符的，特韦斯基据此提出了"小数法则"的概念。

所谓小数法则，是将小样本中某事件的概率分布看成是总体分布，而忽视了事件的无条件概率和样本大小，这是一种心理偏差。小数法则不是什么定律或法则，而是一种常见的思维误区。用错误的小数法则代替了正确的概率论大数法则，这是人们赌博心理大增的缘由。

大数法则是指在随机现象的大量重复中往往出现几乎必然的规律，即对大样本取样的研究才可能得出规律性，大样本才可以反映总体。但是在实际生活中，我们更多的是受到小数法则的影响，简单说，就是我们在根据经验判断事情发生的概率时，往往对样本大小不敏感，从小样本中得出支持自己行动的结论。

人们在不确定性的情形下，会抓住问题的某个特征直接推断结果，而不考虑这种特征出现的真实概率及与特征有关的其他原因。

金融投资史上，人们被小样本愚弄的情况非常多。从统计学上来看，小样本中会出现惊人的偶然事件，但是却并不具有自我修正的功能，通俗地说，就是未必会出现一个与之相反的事件来平衡，偶然事件很可能无法被"中和"，这导致的偏差会有多大不问可知。实践中，相比于大样本，极端的结果更容易出现在小样本中。

因此，人们应该增强自己对样本大小的敏感度，建立一个广泛的视野，毕竟人们之所以产生判断错误，就在于他们认为任何一个小样本或者事件都应该具有全域的特征。

样本大小不仅在统计学中非常重要，在投资金融领域也同样重要，这是对问题进行准确判断的关键因素。

在小数法则的误导之下，投资者会无意识地夸大小样本中事件的发生概率，这一点在市场发生重大事件、极端事件时表现尤为明显，投资者常常会给予该事件过多关注，并且会因此造成过度反应，并且进一步造成整体市场巨幅波动，比如因为一条传言使市场或者个股暴涨暴跌，这种情况在市场中非常常见。

小数法则也会影响个人投资者交易系统的建立。成熟的投资者应该建立适合自己的交易系统，保证自己的胜率。但是如果在这一过程中，陷入了小数法则，那么会导致投资者过早地建立信心，或者过早地失去信心。比如，一个交易系统5次测试中3次成功，投资者可能就会认为自己发现了"股神"的秘密，如果在交易系统测试中4次投资2次失败，交易者又往往在一个系统刚刚开始发挥作用时就将它抛弃。

因此，股票投资一定要避开小数法则的误区，一定要重视样本容量。比如媒体报道说，最近疑似牛市来了，有70%的投资者都在赚钱，看了这则报道请先不要太高兴，因为我们不知道这个结论是记者调查了多少人后得出的，如果只是在某个营业部调查了几个专业投资者，这样的小样本没有说服力，也没有任何参考价值，一般投资者决不能据此数据决定是否入市。

投资是一种在概率环境下的决策行为，这意味着个体的逻辑思维存在很大的不可操作性，你的逻辑推导环节越多，你犯错的概率就越高。因此我们宁愿要模糊的正确，也不要精确的错误。

43

投资市场上你为什么重复犯错

有一个商贩，想50元卖给顾客一件工艺品，但他一开口要价100元。

顾客嫌贵，掉头就走。这时商贩喊道：80元买不买？

顾客不理他，继续往前走。

商贩说：60元，赔钱卖给你！

这时，顾客有点儿心动了，忍不住回了一句：50元你还有得赚。

商贩的回答比老鼠夹子还快：成交！

市场上，经常有商家虚报价格，然后再给点折扣把虚高的价格降下来。

这个过程会使买家产生占了便宜的错觉，从而忽略了这个东西本身的真实价值。

康奈尔大学的拉索教授，曾向500名正在修MBA的学生提出类似的问题，他的问题是：匈奴王阿提拉在哪一年战败？

拉索要求这些学生把他们自己的电话号码最后3个数字，加上400，当作这一问题的"基准"数字。

如果得到的和为400~599，这些学生猜测的阿提拉战败年份平均是公元629年。

如果得到的和为1200~1399，这些学生猜测的阿提拉战败年份平均是公元988年。

这些被试学生明明知道他们得到的基准数字毫无意义，可是这个数字却仍然对他们产生了影响。

对事物进行评价或者判断的时候，我们通常会下意识寻找一个参照物，参照物提供了一个初始值，这就是"锚"。所谓锚定效应，说的就是这个道理：人们会倾向于用一个"初始值"为参照，调整判断，以获得最终估值。这种"初始值"对人的影响非常隐蔽，就像沉入海底的锚一样把人们的思想固定在某处。

锚定效应在生活的众多领域中都得到验证，从日常生活中的现象，如促销广告用词对购买数量决策的影响，到风险预测性问题，如估计股市指数的变化。从一般知识性问题、博彩估计问题、法律判断问题、协商谈判问题、价格估计问题，到自我效能评估、软件评估问题等，从不同角度证明锚定效应是一种普遍存在的、十分活跃又难以消除的判断偏差。

相信男生们去大型珠宝店时，会看见在一个特别显眼的地方，那有一个珠光宝气的首饰，闪闪发光，走近一看，贵到把自己卖了都买不起。这时，女朋友被吸引住，深陷其中，不买就不走了，转身就要你把这买下来，可是你买不起啊！多番劝说，女朋友终于在你买了另一样首饰后满意了。可是你有没有想过，如果是平时，你根本就不会买这么贵重的首饰给女朋友，为什么这个时候就买了呢？

很简单，珠宝店给出来一个很高的"锚"，而且把这个"锚"放在一个很显眼的地方，你可以不买这个"锚"，但是为了安慰女朋友，你肯定不会买一个差得太远的首饰，或者说，你根本就没有买给女朋友的想法，现在就不得不有这个想法了。

大多数的奢侈品店都是这样，弄一个贵到离谱的镇店之宝摆在最显眼的地方，一进来你女朋友就看得见，然后，一个很高的锚就出现了，你没有任何办法，花的钱只能变多，否则，你的女朋友就不会满意。你做出决策时，"锚"带来的影响巨大。

　　有这样一个心理学实验。心理学家们带领一些房地产从业人员参观几间待售房屋，然后请他们估计房屋的价格。而在参观之前，实验人员会打印一份随机生成的同区域"销售数据表"。结果显示，这些专职的房地产从业人员对房屋价格的估计受到了"销售数据表"的操纵。表格里的价格高，相对应的人员给出的估值也高，反之亦然。这个实验表明，人类的大脑极易受到"锚定效应"的影响，即使是具有专业知识和经验从业人员也不例外。

　　锚定效应在股市交易的时候很常见，4900点的时候为什么舍不得卖？是因为看到前几天5100点的价格，觉得不甘心，心里想着等涨到5100的那个价格我再卖，结果再也没等到。

　　4500点的时候被4700点锚住。

　　4000点的时候被4200点锚住。

　　3500点的时候被3800点锚住。

　　一路下跌，一路被锚定，一路不甘心。这就是为什么连续暴跌的时候股民往往呆若木鸡，丧失操作能力，而当大盘开始反弹的时候如梦初醒，纷纷挥刀割肉。因为一反弹，股价容易达到之前锚定住的位置，于是就很有割肉的冲动。

　　在金融市场中，数字更加容易被锚定效应操纵——用一个目标价格来描述未来，描述得越远越大，那个数字看起来往往越合理。比如，在股市3000点时，这个远期目标是5000点，6000点时，它是8000点。

　　金融市场上的操纵者，经常利用锚定效应"拉高出货"。某只股票上市，以6元多的发行价高开到16元，当换手率达到70%的时候，下午戏剧性的一幕上演了，股价一度上涨到50元，最后收于31元。

　　这种奇怪的走势也许是偶然的，但更可能是人为的操纵。操纵者为什么要把当日拉高，此后又跌停？实际上操纵者是在利用锚定效应，操纵投资者的心理，实现自己的诱多意图。

　　一些股票，本身炒作到20元就到位了，但运作者一定要炒到30

元，甚至40元，然后再把价格打到20元。此时的20元价格就很容易出货。如果是直接拉到20元，没有锚定效应，反而不好出货。

　　一般来说，预设数字的影响是很难规避的，因为我们其实并不知道自己受锚定效应的影响有多大，很难做折中平衡，唯一可行的办法是，你应该有一个自己的心理"价位"，它可以让你保持适度的冷静，并且降低出错的概率。

44

选择放弃很难受，不放弃你会更加痛苦

沉没成本谬误：越想追回损失，越会损失更多

20世纪60年代，英国和法国政府联合投资开发大型超音速客机，即协和飞机。开发一种新型商用飞机简直可以说是一场豪赌。单是设计一个新引擎的成本就可能高达数亿美元，想开发更新、更好的飞机，实际上等于把公司作为赌注押上去。难怪政府会被牵涉进去，竭力要为本国企业谋求更大的市场。

该种飞机机身大，设计豪华，并且速度快。但是，英法政府发现：继续投资开发这样的机型，花费会急剧增加，但这样的设计定位能否适应市场还不知道，而停止研制将使以前的投资付诸东流。随着研制工作的深入，他们更是无法做出停止研制工作的决定。

协和飞机最终研制成功，但因飞机的缺陷（如耗油大、噪音大、污染严重等），再加上成本太高，不适合市场竞争，最终被市场淘汰，英法政府为此蒙受很大的损失。在这个研制过程中，如果英法政府能尽早放弃飞机的开发工作，会使损失减少，但他们没能做到。

最后，英国和法国航空公司宣布协和飞机退出民航市场，才算从这个无底洞中脱身。这也是"壮士断腕"的无奈之举。

　　在经济学上，把那些已经发生、不可回收的支出，如时间、金钱、精力，称为"沉没成本"。这个意思就是说，你在正式完成交易之前投入的成本，一旦交易不成，就会白白损失掉。

　　沉没成本，是没有希望捞回的成本。沉没成本也被叫作非攸关成本，即追加投入再多，都无法改变大势。但是由于人们普遍存在一种追回损失的心理，一旦出现损失，总想通过不断地追加投资去挽回损失，结果投入的成本越高，越容易使人们身陷其中而难以脱身。你在网上玩的QQ游戏，其实已经没有多少乐趣，但是看看已经达到的58级的等级，你还是坚持了下去；在车站已经等了30分钟公交车，其实走路到地铁站可能更快一些，但是你想既然已经等了这么久就不应放弃……这种选择就被称为"沉没成本谬误"。

　　经济学家认为，如果你是理性的，那就不该在做决策时考虑沉没成本。比如，你预订了一张电影票，已经付了票款而且不能退票。但是当你看了电影一半之后觉得很不好看，此时付的钱已经不能收回，电影票的价钱就是沉没成本。这时会有两种结果：一是，付钱后发觉电影不好看，但忍受着看完；二是，付钱后发觉电影不好看，退场去做别的事情。在两种情况下，你都已经付钱，所以应该不再考虑钱的事。当前要做的决定不是后悔买票了，而是决定是否继续看这部电影。因为票已经买了，后悔也于事无补，所以应该以看免费电影的心态来决定是否再看下去。作为一个理性的人，选择把电影看完就意味着要继续受罪，而选择退场无疑是更为明智的做法。

　　然而就是这个已经沉没了的成本，却还让许多不明就里的人难以割舍。他们把它当作"鸡肋"，食之无味而又弃之可惜。实际上这些人不明白：沉没成本永远是决策的非相关成本，与其相伴随的机会成本才是决策相关成本，需要在决策时予以考虑。

　　沉没成本和机会成本之所以会对决策产生这样微妙的作用，原因就在于机会成本不是现实的成本，是隐性的，而沉没成本却是实实在在的，让人有一种"割肉"的痛楚。成本沉没在水里着实令人感到可惜，然而伤心懊悔是于事无补的，还不如适时放弃，抓紧时间，创造更多的价值出来。

　　如果你手中的成本正在逐渐增加，你越来越感到吃力的话，你应该及时放弃。否则，你的身心将被拖垮。选择放弃很难受，但是不放弃，则更加痛苦。

　　走出沉没成本谬误的怪圈其实并不难，只要你敢于放弃，有胆量、有勇气经历失败，不为打翻的牛奶哭泣，对不可追求的东西及时放手，做一个敢于放弃的聪明人。

45

为什么说真理是"最偏的偏见"

　　孔夫子带着他的徒弟们周游列国，在一个国家饿了很多天，好不容易搞到了一点儿米，便让颜回煮成饭给大家吃。孔夫子看到饭刚煮好，颜回便悄悄地抓了一把饭往嘴里塞。孔夫子很不高兴，把颜回训斥了一顿说：大家都在饿着，你怎么一个人先吃呢？

　　颜回委屈地说：我刚才打开锅盖，看见饭里有一块很脏的东西，我怕这个脏东西被别人吃掉了，于是我就自己把这个脏米饭吃下去了。孔夫子听后，对这个事情发了一番感慨：我们每一个人都有自己观察不到的地方，而且每一个人对于眼前的事实和所发生的事情，都是按照自己的理解来加以解释。这里就会发生许许多多的误会和错误。一个人要做到全面地认识事物是比较困难的。

　　有一则"金银盾"的故事。

　　一个将军站在盾牌前面，说盾牌是"金子做的"。另一个将军站在盾牌后面，说盾牌是"银子做的"。第三个将军站在盾牌侧面，说盾牌是"金子和银子做的"。很显然，前两位将军的话是"片面的"，第三位将军的话是"全面的"，但只是相对于前两位将军来说是"全面的"。也许剖开盾牌，发现里面是块铁板，金和银只是镀在外层的。

每一个人在观察和认识事物的时候都会有自己的盲点，也就是他所看不到的地方。因为每个人头脑当中都有自己固定化的思维模式。符合这种习惯和模式的事物，我们对它的认识就十分清楚。而超出这个习惯和模式的事物，我们往往会加以忽略。而且对于自己认为有意义的那些事物总是特别注意，并且总是习惯于按照自己的理解对它们加以把握。所以，每个人的认识和目光都像一支手电筒，它仅仅照出一个光柱。在光柱之外的事物，都被我们忽略了。

看待事物应该尽量全面一些，考虑问题应当尽量周到一些，这是毫无疑问的。但是，"彻底的全面"同样是若隐若现的东西。如果一味地追求"全面性"，也许要失去许多创意的好时机。

有一位辩证法思想家认为，要想全面而彻底地认识任何一个事物，都必须首先认识整个宇宙中的每一个事物。请想一想，你面前的这张木制书桌，要想全面认识这张书桌，必须首先认识其中的木板；要想全面认识那块木板，必须首先认识做成木板的那棵树；要想全面认识那棵树，必须首先认识养育那棵树的土壤、雨水、阳光等条件；要想全面认识这几个条件，还不足以让你去研究整个宇宙的起源和发展吗？

那么，我们能不能从相对的全面出发，逐渐扩展，最后达到"彻底的全面"呢？也许理论上能讲得通，但实践上肯定是办不到的。这是由于思维对象的无穷多及其属性和变化的无穷多。

思维无法达到"彻底的全面"，这一事实并不能让我们感到很悲观，因为我们本来就不需要它。盲目追寻"彻底的全面性"是完全没有必要的。庄子笔下的"庖丁"，把一只活生生的牛只看作一堆骨头和筋肉的组合体，只想着其中骨头缝的宽窄，这显然是片面的。庖丁不像农夫那样了解牛能拉多重的车，一天吃多少料；庖丁也不像画家那样了解牛在奔跑时的英姿，知道牛抵架时尾巴是夹着还是翘着。庖丁就是庖丁，他不想跟农夫和画家学习，以便对牛的认识更加全面。对于庖丁的实践目的来说，"目无全牛"就足够了。鲁迅也曾说过，在中国古代，对人体颈骨的结构研究最透彻的，不是医生（中医不重解剖），而是刽子手。

随着实践目的的改变，人们对事物认识的重点就从一个方面转到另一个方面。空调厂商经常说，"据科学家预言，地球将变得越来越热"；而电暖气商则说："据另一些科学家预言，地球将变得越来越冷。"双方都没有讲错，都选取了对自己有利的科学家预言。

"全面性问题"对于创意思维具有双重意义。有些时候，我们放开眼界，打破某一种片面性，就可以获得新创意；而在另一些时候，我们固守某一种片面性，有时也能够得到某种创意——正如有位哲人所说，"真理就是最偏的偏见"。

在现实生活中，达到相对全面性的方法之一，就是把不同人的观点和思路结合起来，从中找出创意的幼芽。因为每个人观察问题的角度、思考问题的方法以及对待某些问题的态度，都有自己的特殊之处，不可能与别人完全相同。听取别人的观点，就等于自己多了一种思考问题的角度、方法和态度，新奇的创意往往蕴含在新奇的角度之中。

46

不要怀疑你想法中存在99.99%的正确性

荒谬的想法悖论：假说是何以成真的

　　一位名叫福尔顿的物理学家，由于研究工作的需要，需要测量出固体氦的热传导度。他运用的是新的测量方法，测出的结果比按传统理论计算的数字高出500倍。福尔顿感到这个差距太大了，如果公布了它，难免会被人视为故意标新立异、哗众取宠、荒谬绝伦，所以他就没有声张。

　　没过多久，美国的一位年轻科学家，在实验过程中也测出了固体氦的热传导度，测出的结果同福尔顿测出的完全一样。这位年轻科学家公布了自己的测量结果以后，很快在科技界引起了广泛关注。福尔顿听说后以追悔莫及的心情写道：如果当时我摘掉名为"荒谬"的帽子，而戴上"创新"的帽子，那个年轻人就绝不可能抢走我的荣誉。

我们这里所说的"看似荒谬的想法",指的就是一些创意者大胆提出的假说,创意者可以用他们独特的创意意识和丰富的知识积累再对这些假说进行发明创意。

恩格斯曾指出:只要自然科学在思维着,它的发展形式就是假说。一个新的事物就被观察到了,它使得过去用来说明和它同类的事实的方式不中用了,从这一瞬间起,就需要新的说明了,它最初仅仅以有限数量的事实和观察为基础,进一步的观察材料会使一些假说纯化,取消一些、修正一些,直到最后纯粹地构成定律,如果要等待构成定律的材料纯粹起来,那么这就是在此以前要把运用思维的研究停下来,而定律也就永远不会出现。对各种相互联系作系统了解的需要,总是一再迫使我们不得不在最后的终极真理周围营造丰收茂盛的"假说"之林。

恩格斯的这段话论述得十分精辟,在大多数情况下,创意都是以科学假说为先导的。

创意不是一瞬间的活动,而是一个过程,要求创意者把全部所需资料收集齐后再去做出发现,是不切实际的,他们需要提出假说指导下一步的工作,以加速发现过程。正像一个在陌生大地上旅行的人一样,不是等待有关这块土地的信息收集齐后再出发,而是先设想某一条道路可能会到达目的地,然后边走边观察边打听,逐步校正自己的方向和道路,创意者正是借助假说充分发挥他们的创意,从而走上成功之路的。

1543年,波兰伟大的天文学家哥白尼发表了《天体运行论》,积40年的探索和观测,终于创立了以太阳为中心的宇宙学,向"地心说"提出挑战,向科学的宇宙体系迈出了十分艰巨而又最为关键的一步。由于宇宙的复杂性和当时科技水平的局限性,这种理论体系是一种假说，那么，这个假说是如何产生的呢？哥白尼提出这种新的宇宙学假说不是偶然的，当时的托勒密"地心说"与天文观测事实相矛盾，应用"地心说"不能准确测定地球上的方位，而无法满足历法的需要，此外，哥白尼还受到以意大利为中心的文艺复兴运动的启迪，敢于正视旧体系遇到的困难，继承了来自古希腊的哲学和各种不用于"地心说"的宇宙学模型，这是他的假说形成的社会背景和思想基础。

哥白尼的宇宙学说经过后来的伽利略、开普勒、牛顿等人一系列的逻辑论证和实践检验，已建立在坚实的物理学基础之上，成为人们反对地心说的依据，尤其是1821年法国学者布瓦尔德发现了天王星的实际运行轨道，有偏离理论计算的椭圆轨道的现象，这样天王星轨道的摄动就构成了检验日心说的一个最关键的步骤，只有在伽勒根据法国青年勒维烈的提示下发现了海王星之后，天王星轨道的摄动现象才得到解释，哥白尼的学说才成为人们公认的科学理论。正如恩格斯评价说："哥白尼太阳系学说有300年之久，一直是一种假说，这个假说尽管有百分之九十九、百分之九十九点九、百分之九十九点九九的可靠性，但毕竟是一种假说；而当勒维烈从这个太阳系学说所提供的数据，不仅推算出一定还存在一个尚未知道的行星，而后来伽勒确定出现了这个行星的时候，哥白尼的学说就被证明了。"

由此可见，假说不仅是一种认识，具有知识形态，而且更是一种研究方法，可以用于科学创意的任何一个阶段，假说是根据一定的科学事实和科学理论，对研究的问题所提出的假定性看法和说明。大部分假说来源于理论与实践的矛盾，随着人们实践活动的发展，一些新的事物被发现，使旧的理论不能解释它们了，于是产生一种新的猜测性的说明——假说。如前面举到的"日心说"。此外，X射线、放射线、电子的发现与原子不可分的学说发生冲突，于是产生了各种原子结构的假说。有的假说是为了直接解决理论自身的矛盾或对新的事物矛盾的假定性说明，比如哈恩否定费米的假设而提出自己假说的过程。当时由于意大利物理学家费米的推断失误，匆忙宣布发现了超铀元素，成为科学史上的一个大失误。后来，德国化学家哈恩通过正确的推断，提出了大胆的假说：最重的一些元素吸引中子之后直接分裂成为两个差不多对等的部分，从而产生了一些位于元素周期表中间的元素，最终发现了裂变反应，推翻了费米的假设，从而获得了1944年的诺贝尔化学奖。

假说在科学研究中有重要的作用，看似荒谬的想法也是发挥创意思维能动性的有效环节，而且不同看法的争论由于科学研究的深入而发展。它凝结了一代甚至几代人的劳动，离开假说科学不可能取得进步。

人们之所以会对与众不同、看似荒谬的假说和观点如此激烈反对，是由于社会上的大多数人在从众心理的作用下，已经形成了相对固定的思维模式，他们自己不能摆脱思维框架的束缚，就只能强烈地反对抵制这种不从众的假说和观点。人类历史上每一次的新观念的提出都会面对这种被众人拒绝的情况。经过一段很长的时间，这种由少数不从众的人提出的假说才得到社会的普遍承认，最后成为大家都接受的真理。

真理并非始终在多数人手中，往往少数人的意见恰恰是真知灼见。当我们面对新情况、新问题，需要我们进行创新思考的时候，就要从从众的圈子里走出来，不要被多数人的所谓正确的观点所影响，要拓宽视角，开阔思路，进行自己的有创意的思考。

47

你眼中的完全不相同，其实完全不可能

完全不相同偏见：追求纯粹客观是不可能的

著名哲学家冯友兰在《三松堂自序》里，曾经讲述过这样一个故事。

有一位哲学家饿了，就让他的学生到街上去买一块面包。学生到街上转了一圈，空着手回来了，对老师说："街上只有圆面包和长面包，没有您要买的那种（既不长又不圆的）'面包'。"于是，哲学家就让学生去买一块"圆面包"。学生到街上转了一圈，又空着手回来了，对老师说："街上只有黑面圆面包和白面圆面包，没有您要买的那种（既不是黑面也不是白面的）'圆面包'。"于是，哲学家就让学生去买一块"白面圆面包"。学生到街上转了一圈，还是空着手回来了，对老师说："街上只有冷的白面圆面包和热的白面圆面包，没有您要买的那种（不冷又不热的）'白面圆面包'。"

于是……结果不用多说，那个学生永远不可能买来面包，而那位哲学家只能等着饿死了。

外界的客观事物是具体的、个别的、拥有无穷多的属性，从而使相互之间千差万别，正如莱布尼茨所谓"世界上没有两片完全相同的树叶"。但是，当这些事物成为思维对象，经过筛选而进入头脑，最终形成观念、思想和计划之后，它们自身却发生了一个重大的变化，那就是具体性、个别性和千差万别性的消失，取而代之的则是抽象性、普遍性、一般性和共同性。

外界事物与头脑观念之间的鸿沟，是哲学所要研究的基本问题。正因为事关重大，中外哲学家们（特别是西方传统的哲学家们）为填平这个鸿沟做出了不懈的努力。黑格尔曾设想过"具体概念（包含差异性的观念）"；马克思求助于现实的社会实践；现代分析哲学则要求"改善"哲学所使用的"语言"，甚至想给头脑中的观念各自"编号"，使之与外界的事物一一对应。

这间教室里有许多张桌子，而整个世界上还有数不清的桌子，其中的每一张桌子都与别的桌子不完全相同。我们的头脑中有一个"桌子"观念，但并没有千千万万个"桌子"观念。一个"桌子"观念便足以概括和代表现实世界中存在着数不清的桌子。而且，"桌子"观念只有少数几个属性，而舍弃了现实中桌子其余的无穷多种属性。圆形的、方形的都是"桌子"，三条腿的、四条腿的都是"桌子"，铁的、木的、塑料的都是"桌子"，高的、矮的、软的、硬的、光滑的、粗糙的……统统都能纳入"桌子"这一观念中。

这正是人们的头脑运用"选取""抽象"和"截取"等思维能力的结果。这些能力曾经是人类智力发展水平最主要的标志，而且在日常生活中扮演着极为重要的角色。但是，我们也不应该否认，这些能力却造成了外界对象与头脑观念之间的鸿沟。从更大的视野来看，这条鸿沟是人类所有理论错误和所有实践失败的总根源。

对于创意思维的结果，人们总是希望它们尽量少一些"主观偏见"的色彩，尽量"客观"一些。不过，这是一个十分复杂的认识问题。

在哲学思想史上，有一种唯物主义曾经认为，"纯粹客观"是脱离人而存在的、能够被思维主体所彻底认识和把握的东西。在他们看来，面对同一个外界对象，不同的人应该得出相同的观念和结论；如果他们之间的观念或者结论有差别，那么其中必然有的正确有的错误。然而，实际发生的情况并不如此简单。

一朵淡淡的红花，开放在马路边。诗人走过来，看到那朵花是"美好春天的使者"；植物学家走过来，看到那朵花是"草本复叶的蔷薇科植物"；药物学家走过来，看到那朵花是"具清凉解表功效、可焙干煎服的止痛药"；最后，清洁工人走过来，把那朵花看成"有碍市容的东西"而扫进了垃圾箱……那朵淡淡的红花到底是什么？哪个人的看法是"纯粹客观"而毫无"偏见"的呢？

历史上有一位名叫曹操的人。晋代人写了一部《曹操传》，说他是"盖世英雄"；明代人写了一部《曹操传》，说他是"乱世奸雄"；当代人写了一部《曹操传》，说他是"法家代表人物"；美国人写了一部《曹操传》，说他是"东方文化的果实"……曹操究竟是什么人？难道真如意大利哲学家克罗奇所说的那样，"任何历史都是当代史"？

我们面临着一个意义与价值的世界，造成这种状况的根本原因，也许应该归结到外界对象和主观思维两个方面。所谓"纯粹客观"的事物和现象，其自身具有无穷多的对象、无穷多的属性和无穷多的变化，要想"真实"而毫无偏差地把握某个事物，就有必要对所有这些对象和属性毫无遗漏地予以认识，然而这是根本做不到的。

于是，无可奈何的头脑只能选取、抽象和截取。由于不同的头脑具有不同的实践目的和价值模式等内容，因而不同的头脑也就具有不同的选取、抽象和截取的标准，并由此产生出不同的思维结果。

当然，不同的人之间，思维的结果只是"不完全相同"，而不是"完全不相同"。因为整个人类在生理结构、基本需求与外部环境的关系等方面，没有太大的差别。

这个道理其实是马克思主义的常识。马克思早就说过，以前唯物主义的主要缺点是，对对象和现实只是从"客体的形式"去理解，而没有从"主体的方面"去理解。实际上，不论是自觉地还是不自觉地，现实中的人们总是从意义和价值的层面去把握外在世界的，都是从"为我"而不是从"为它"的角度来观察和理解世界的。说到底，就连所谓"保护生态环境"之类，也不过是站在人类的立场、为了人类自身的利益而已。这就使追求"纯粹客观"不但是不可能的，而且也是没有必要的。

我们稍微留心就能看到，对人类历史影响深远的"新点子"，在刚产生的时候，几乎都是"不符合实际的""没有实用价值的""纯属胡思乱想"的东西。假如在创意思维的一开始，便要求头脑"要符合实际""不能胡思乱想"，那么我们的思维就难以发挥其巨大的"超越性"特点，不可能有新的创意产生。

从创意思维的角度来说，我们必须摆脱所谓"纯粹客观"对思维主体的束缚，自由地发挥想象力，才能冲破有形的和无形的思维障碍，获得奇妙的点子。

48

追随公众享受公物，会随公众一道"毁灭"

公地悲剧：都是"公共"惹的祸

　　一群牧民在共同的一块公共草场放牧。其中，有一个牧民想多养一头牛，因为多养一头牛增加的收益大于其成本，是有利润的。虽然他明知草场上牛的数量已经太多了，再增加牛的数目，将使草场的质量下降，但对他自己来说，增加一头牛是有利的，因为草场退化的代价可以由大家负担。于是，他增加了一头牛。当然，聪明人并不止这一个牧民，其他牧民都认识到了这一点，都增加了一头牛。人人都增加了一头牛，整个牧场多了n头牛，结果草地被过度放牧，导致草场退化。于是，牛群数目开始大量减少。所有聪明牧民的如意算盘都落空了，大家都受到了严重的损失。

　　还有一则关于公园樱桃的故事。婺州公园的樱桃一熟，就被大家"追捧"。有人称："今天早上和家人一起到公园玩，发现那里的一片樱桃熟了，很多人都在摘。有折树枝的，有爬上树的，还有人竟然搬来梯子，一起动手，可热闹了。看了半天都弄不懂了，这样子怎么就没人管呢？是不是谁都可以摘啊？"

上述两则故事反映经济学中一个重要的现象——"公地悲剧"。

草地向牧民完全开放，牧民认为既然草地可以公用，牛就可以自由进入草地吃草，何不多养几头牛呢？于是牧民纷纷养起牛来，然而公地草地资源有限，等草吃完了，牛也一个个被饿死了。这就是过度使用公共资源导致的悲剧。

红红的樱桃不仅样子可爱，而且味道鲜美、营养丰富，自然成了不少人的喜爱之物。和所有水果一样，樱桃有一个自然的成熟周期。还没成熟的时候，它们味道很酸，但随着时间的推移，樱桃的含糖量提高了，吃起来也就可口了。专门种植樱桃的农户到了收获时节才采摘樱桃，所以超市里的樱桃都是到了成熟期才上架的。然而，长在公园里的樱桃，总是在尚未成熟、味道太酸的时候就被人摘下吃了。如果人们能等久点再采摘，樱桃的味道会更好。可为什么人们等不得呢？因为公园的樱桃是一种公共物品。人们知道，对公共物品而言，你不从中获得收益，他人也会从中获得收益，最后损失的是大家的利益，所以人们只期望从公共物品中捞取收益，但是没有人关心公共物品本身的结果。正因为如此，才最终酿成"公地悲剧"。

"公地悲剧"是指当资源或财产有许多拥有者，他们每一个人都有权使用资源，但没有人有权阻止他人使用，由此导致资源的过度使用。如草场过度放牧、海洋过度捕捞等。

"公地悲剧"最初由英国人哈定于1968年提出，因此"公地悲剧"也被称为哈定悲剧。哈定说："在共享公有物的社会中，每个人，也就是所有人都追求各自的最大利益。这就是悲剧的所在。每个人都被锁定在一个迫使他在有限范围内无节制地增加牲畜的制度中。毁灭是所有人都奔向的目的地，因为在信奉公有物自由的社会当中，每个人均追求自己的最大利益。公有物自由给所有人带来了毁灭。"

"公地悲剧"展现的是一幅私人利用免费午餐时的狼狈景象——无休止地掠夺，"悲剧"的意义，就在于此。

现实生活中，公地悲剧多发生在人们对公共产品或无主产权物品的无序开发及破坏上，如近海过度捕鱼造成近海生态系统严重退化等。

对此，英国解决这种悲剧的办法是"圈地运动"。一些贵族通过暴力手段非法获得土地，开始用围栏将公共用地圈起来，据为己有，这就是我们历史书中臭名昭著的"圈地运动"。由于土地产权的确立，土地由公地变为私人领地的同时，拥有者对土地的管理更高效了，为了长远利益，土地所有者会尽力保持草场的质量。同时，土地兼并后以户为单位的生产单元演化为大规模流水线生产，劳动效率大为提高。英国正是从"圈地运动"开始，逐渐发展为"日不落帝国"。

草地属于公有产权，零成本使用，而且排斥他人使用的成本很高，这样就导致了牧民的过度放牧。我们当然不能采用简单的"圈地运动"来解决公地悲剧。我们可以将"公地"作为公共财产保留，但准许进入，这种准许可以以多种方式来进行。比如有两家石油或天然气生产商的油井钻到了同一片地下油田，两家都有提高自己的开采速度、抢先夺取更大份额的利益。如果两家都这么做，过度开采会减少它们可以从这片油田收获的数量。在实践中，两家都意识到了这个问题，达成分享产量的协议，使从一片油田的所有油井开采出来的总数量保持在适当的水平，这样才能达到双赢的目的。

有人可能说，避免公地悲剧的发生，就必须不断减少"公地"。但是，让"公地"完全消失是不可能的。"公地"依然存在，这就要求政府制定严格的制度约束，将管理的责任落实到具体的人，这样在"公地"里"过度放牧"的人才会收敛自己的行为，才会在政府干预下"合理放牧"。

在市场经济中，我们要认识到，政府规制和市场机制两者有机结合，才能更好地解决经济发展中的"公地悲剧"问题。

49

经济繁荣了，不意味着你的工作好找了

奥肯定律：经济增长失业率一定降低吗

　　美国著名的凯恩斯派经济学家阿瑟·奥肯发现了周期波动中经济增长率和失业率之间的经验关系。即当实际GDP增长相对于潜在GDP增长（美国一般将之定义为3%）下降2%时，失业率上升大约1%；当实际GDP增长相对于潜在GDP增长上升2%时，失业率下降大约1%。

　　奥肯定律曾经相当准确地预测失业率。例如，美国1979～1982年经济滞涨时期，GDP没有增长，而潜在GDP每年增长3%，3年共增长9%。根据奥肯定律，实际GDP增长比潜在GDP增长低2%，失业率会上升1个百分点。当实际GDP增长比潜在GDP增长低9%时，失业率会上升4.5%。已知1979年失业率为5.8%，则1982年失业率应为10.3%（5.8%+4.5%）。根据官方统计，1982年实际失业率为9.7%。与预测的失业率10.3%相当接近。

奥肯定律的一个重要结论是：为防止失业率上升，实际GDP增长必须与潜在GDP增长同样快。要想使失业率下降，实际GDP增长必须快于潜在GDP增长。

研究实际GDP增长与失业率变动的关系，必须根据实际GDP增长比潜在GDP增长是快还是慢，以及快多少和慢多少，绝不能只根据实际GDP增长，而置潜在GDP增长于不顾。

需要注意的是，奥肯所提出经济增长与失业率之间的具体数量关系只是对美国经济所做的描述，而且是特定一段历史时期的描述，不仅其他国家未必与之相同，而且今日美国的经济也未必仍然依照原有轨迹继续运行。因此，奥肯定律的意义在于揭示了经济增长与就业增长之间的关系，而不在于它所提供的具体数值。

在很多人看来，经济增长了，就业率就提高了，这是顺理成章的事。然而，这种规律如今在中国似乎不灵了，中国经济增长的同时，失业率也在增长。

国家统计局公布的数据显示，1985～1990年，全国GDP年平均增长率为7.89%，同期就业人口平均增长率为2.61%；1991～1995年，全国GDP平均增长率为11.56%，同期就业人口年增长率为1.23%；1996～1999年，全国GDP年平均增长率为8.30%，同期就业人口年平均增长率为0.96%。

近年来我国经济增长速度较快，而与此同时，登记失业率亦然居高不下。可见，我国就业增长率并没有随GDP增长率同步增长，反而出现较大幅度降低现象。原因何在？

有人认为，很多地方在经济快速增长同时，都在不断优化产业结构，资金、技术密集型企业替代了传统劳动密集型企业。按正常规律，资金、技术密集型产业替代传统的劳动密集型产业，必然会促进另一种劳动密集型产业——第三产业的发展，但中国的第三产业并不发达。有两种解释：一是虽然经济增长了，但老百姓的收入并没有随之水涨船高，于是内需无法启动，第三产业发展不起来；二是第三产业虽然发展，但是第三产业的劳动条件和劳工权益太差，劳动者的工作时间长、工作强度大，劳动密集型产业变成了"工时超长型产业"，自然吸纳不了太多的员工。

受国际金融危机和我国经济周期性调整等因素的几重影响，2009年成为21世纪以来我国经济发展最为严峻的一年，也是就业形势最为严峻的一年。较为突出的是高校毕业生、农民工就业问题。数据显示，2009年全国高校毕业生达到611万人，是近年来最多的。再加上前几年累积下来未就业的100万人，压力之大不难想见。同时，我国农村外出就业的农民工已超过1.3亿人，受国际金融危机和国内经济增长的各项指标都在不断降低的影响，大量的农民工需要重新找工作。

一方面是压力增大，另一方面，却是拉动力有所减弱。随着经济危机的扩展，经济增长速度将继续回落，尤其是出口的降幅较大，对就业的拉动作用大幅减弱。对此，我们要头脑清醒，估计充分。更应该了解奥肯定律的要义，要想实现更加充分的就业，经济增长速度是绕不开的前提。

宏观调控讲求的是精当和协调，既要让经济增长带来充分就业等目标，也要避免因增长过快而引发经济过热。我们要做的，就是要找到一个合适的增长速度。特别是在国际金融危机仍未见底的背景下，保持合适的经济增速，对就业作用重大，对全局意义深远。

50

当你为经济叫好时，你银行里的存款正在缩水

经济过热陷阱：经济过热是一种危险

据《中国时报》2010年10月22日报道：

中国第三季度经济增长稳健，但与今年早些时候相比有所放缓。中国政府关注的首要问题——通货膨胀率——小幅上涨，表明这个世界第二大经济体形势依然稳健，并未出现过热趋势。

中国的经济增长率从第二季度的10.3%下降到第三季度的9.6%。

中国国家统计局发言人盛来运说："经过测算，前三季度国内生产总值268660亿元。按可比价格计算，同比增长10.6%，比上年同期加快2.5个百分点。分季度看，一季度增长11.9%，二季度增长10.3%，三季度增长9.6%。"

这些数字表明中国经济发展保持强劲，离经济过热还很远，并不像很多经济学家所担忧的那样。

全国居民消费价格指数9月份同比上涨3.6%，略高于8月份的3.5%，远远超过今年3%的通胀目标。星期二（2010年10月19

日），中国人民银行宣布提高利率，很多经济学家认为，这一举措的目的是给经济逐渐降温，并牢牢控制住通货膨胀。中国经济今年第一季度增长幅度最大，折合成年率为11.9%，在随后的两个季度逐步放缓。

渣打银行经济学家严瑾说，她很高兴看到中国并没有出现经济过热。她说："在我们看来，9.6%是一个相对来说更可持续的增长率，我们认为这与今年第一季度相比是一个更加健康的增长幅度。这意味着经济已经稳定下来，并且开始恢复。现在更重要的是把目光集中在其他风险上，比如通货膨胀和资产价格暴涨。"

经济学认为，实际增长率超过了潜在增长率叫作经济过热，它的基本特征表现为经济要素点需求超过总供给，由此引发物价指数的全面持续上涨。

通过对经济过热的界定，我们可以看出，社会总需求的过量增长往往意味着经济发展的过热倾向。我们所说的需求是指有购买能力的需求，因此总需求的增长通常用货币供应量、特别是广义货币的增长来表示，从而经济运行中是否存在超量的货币供给也成为衡量经济是否过热的标准。此外，一国货币的超量供应通常会引起该国一般物价水平的持续上涨，出现通货膨胀。所以，通货膨胀的出现也成为判断一国经济是否过热的标准。

从以上标准出发，我们可以从以下几个特征判断经济发展是否处于过热状态：

1. 固定资产投资增长速度是否连续几年明显快于GDP的增长，这是判断经济过热是否在一个方面出现的重要反映。

2. 能源原材料需求加大供应紧张，价格上涨过快太快。

3. 生产能力过剩、产品积压。

4. 资源环境压力增大，时常发生安全生产事故。经济增长所带来的资源消耗高、浪费大等问题，加剧了环境保护的压力，所以这也是经济过热在一个方面的重要表现。

在20世纪90年代初期，中国经济领域的通货膨胀压力又开始上升，金融业陷入无序状态。国内金融市场中大量资金集中于沿海地区的房地产市场，银行、金融机构和地方政府为了实现各自不同的利益，逃避央行的规定和监管，为房地产业大量融资，使货币量超量投放，信贷规模一再突破计划，所以经济发展过热对国民经济并不是件好事。

　　经济过热可以分为消费推动型经济过热和投资推动型经济过热。由于居民消费旺盛而导致的经济过热称为消费推动型经济过热；投资推动型经济过热，即是过度投资。这包含两个方面：

　　第一，在一个投资项目完工后，由于没有出现预期的市场需求，生产出来的产品大量堆积，资金无法收回，导致生产资料的严重浪费。在这个层面上的"过度"指的是投资相对市场需求的过度。

　　第二，投资规模过度展开，超过了财力负担能力，使投资不能按预定计划完成，无法形成预期的生产能力。这个层面上的"过度"是投资规模相对于财力负担的过度。

　　防止经济出现过热现象的关键在于经济扩张要合理、适度。

　　经济扩张的合理限度，是指投资、消费与出口增长的特定约束条件。这些约束条件包括：资源约束、需求约束和效率约束。

　　所谓资源约束，是指经济扩张会受人、财、物的限制。经济扩张之所以会受人、财、物限制，主要原因在于，任何经济扩张都必须以一定的资源供给为支撑，而在特定时间与空间内资源供给是有限的，因此一旦经济扩张超过资源供给限度就会造成"瓶颈制约"。例如，投资扩张会受原材料、能源、劳动力与资金投入等要素供给的限制；居民消费会受支付能力和消费品供给等因素限制；而出口则会受国内货源供给限制等。

　　所谓需求约束，是指供给扩张会受市场需求的限制。在市场经济条件下，投资与生产活动通常以利润最大化为目标。唯利是图或尽可能获利是供给扩张的出发点。但是，只有在投资品或消费品供给能够满足社会需求，并以合理价格销售出去后，经营者才有可能获利或实现利润最大化。

　　所谓效率约束，是指经济扩张会受单位产品的销售所带来的收益递减规律的制约。由于这种规律的作用。当经济扩张超过合理限度后，就会产生规模不经济，也就是随着经济规模不断扩大，边际收益不断下降现象。

　　经济过度扩张既有可能是投资过度造成的，也有可能是由消费膨胀和过度出口所致，甚至有可能是三者共同作用的结果。所以根据实际情况我们可以把经济过热大致区分为四种类型，即投资型经济过热、消费型经济过热、出口型经济过热与整体经济过热。在实际经济生活中投资、消费与出口既有可能同时扩张，也有可能单独冒进，甚至有可能逆向发展。例如，中国1992～1993年的经济过热就表现为投资、消费与出口的全方位过度扩张。

　　应当注意的是，我们不能把经济过热等同于物价上涨。这是因为经济过热的本质是经济扩张过度，或者说是投资、消费与出口超过特定限度。物价上涨则既有可能是由投资、消费与出口过度扩张引发的，也有可能是供给急剧下降、外部冲击（如国际油价或原材料价格大幅度上涨等）、政府调控政策（扩张性财政金融政策）以及成本推动（如工资成本增加与电、水、气等公共产品的人为提价）的产物。

　　很明显，前一种情况是主动性物价上涨，后一种情况下的物价上涨具有被动性。由于被动性物价上涨与经济过度扩张无关，并有可能在经济没有扩张或经济衰退情况下发生，所以不能把这种物价上涨视为经济过热。因此，经济过热虽然会引起物价大幅度上涨，但并不是任何一种物价上涨都是经济过热，只有那些由经济过度扩张所引起的物价大幅度上涨才是真正的经济过热。

　　经济过热的本质是超过资源供给以及需求或效率限度的投资、消费或出口扩张。由于经济过热会导致资源配置错位或降低资源配置效率，所以我们必须进行预防与控制。

51

两个抬杠的人，怎样创造了1亿元的产值

GDP的故事：团队冲突并不总是恶性的

　　有两个青年都是非常聪明的经济学天才，他们常常为一些高深的经济学理论争辩不休。

　　一天，两个人出去散步，发现前面的草地上有一堆狗屎。甲就对乙说，如果你能把它吃下去，我愿意付给你5千万元。乙迅速掏出纸笔，进行了精确的数学计算，很快得出了经济学上的最优解："吃！"于是甲损失了5千万元，当然，乙的这顿加餐吃得也并不轻松。

　　两个人继续散步，又发现一堆狗屎，这时候乙开始剧烈地反胃，而甲也有点心疼刚才花掉的5千万元了。于是乙说，你把它吃下去，我也给你5千万元。于是，不同的计算方法，相同的计算结果——"吃！"甲心满意足地收回了5千万元，而乙似乎也找到了一点心理平衡。

　　可突然，天才们同时号啕大哭："原来我们什么也没有得到，却白白地吃了两堆狗屎！"他们怎么也想不通，只好去请教他们的导师，一位著名的经济学泰斗。

　　听了两位学生的故事，经济学泰斗竟然也号啕大哭起

来。好不容易等情绪稳定了一点，只见泰斗颤巍巍地竖起一根手指，无比激动地说："1个亿啊！1个亿啊！我亲爱的学生，我代表祖国和人民感谢你们，你们仅仅吃了两堆狗屎，就为国家的GDP贡献了1个亿的产值！"

　　两个青年的冲突以学术问题为内容，虽然冲突的发生影响了他们的和谐关系，但对于国家利益而言，冲突的影响却是正面的。

　　管理者常常会习惯性地认为，团队中的冲突越少越好，只有减少团队的冲突碰撞，才会有助于形成和谐的工作氛围，有利于团队目标的实现。然而，团队由不同性格和职能的人组成，存在冲突才符合团队的本质特征，如果一个团队表面上一团和气，似乎人员之间从来没有产生过任何冲突，不外乎两种原因：其一，团队表面和谐，暗地不和谐，团队成员把自己的想法深埋在心里，因为担心造成不必要的人际纠纷，他们宁愿违心地顺从他人的意志；其二，团队成员对团队没有感情，他们不关心团队目标的实现，也不在乎与其他成员的关系。由此可见，总是表现出一团和气并不是高效团队的特征。

　　团队中的冲突一般分为两种：一种来源于人际关系的不和谐；另一种冲突与工作有关。团队成员对工作内容、工作目标和如何完成工作产生了异议，而如果某种冲突提高了决策的质量，加强了团队成员的工作使命感，使团队不断暴露出各种弊端，加速了团队变革的进程，那么，这种冲突就是良性的。

　　在通用汽车公司发展的历程中，曾有一段时间，公司的良性冲突很少，因为那段时间公司倾向于招聘唯唯诺诺的人，他们对于公司的任何事情都没有异议，结果公司变革缓慢，因为过于保守而遭受了不少的损失。

　　在企业管理实践中，很多事实表明：在一些发展成熟的公司里，相较高度同质化的团队，团队存在冲突时，往往绩效要高很多。性格鲜明、价值观不同的团队人员更有助于团队焕发出活力，从而提高团队的创新性。

52

为什么你不应把新闻播音员说的话当真

构造社会现实谬误：人们喜欢以自己的好恶解释情境

美术馆里有一幅以亚当和夏娃为主题的画。

一个英国人看了，说："他们一定是英国人，男士把好吃的东西分享给女士。"

一个法国人看了，说："他们一定是法国人，多么浪漫啊，情侣裸体散步。"

一个俄罗斯人看了，说："他们一定是俄罗斯人，他们没有衣服穿，吃得很少，却还以为自己生活在天堂！"

对于同一幅画作，由于参观者的国籍不同，在既有的思维意识和文化传统的左右下，他们为画作提供了不同的解释。

上述案例反映了社会心理学中的一个现象——构造社会现实。

在法庭上，常会出现这样的情况：针对同一件事情，被告和原告在描述时，使用了两种截然不同的措辞。在被告的描述中，被告是出于正当防卫才会对原告造成人身伤害；而原告在重现事实的时候，则把被告描述为鲁莽的、不怀好意的攻击者。虽然被告和原告经历的是同一事件，但对事件的解释却大相径庭。这便是心理学中所说的"构造社会现实"——每个人总是带着自己的知识和经验来解释情境，从自我认知和情绪的角度来表述事件，从而构造出不同的社会现实。

有这样一个经典的社会心理学的例子："常青藤联盟杯"两支球队——普林斯顿大学球队和达特茅斯大学球队——之间进行了一场橄榄球比赛，结果普林斯顿队赢了。

整个比赛过程非常粗野，犯规处罚也非常多，两队球员受伤都很严重。然而，比赛之后，两所学校的新闻报道对于比赛的描述却截然不同。

社会心理学家对这一现象非常感兴趣，他们同时调查两所大学的学生，给他们看比赛录像带，并记录他们就各队犯规次数所作的判断。

结果，普林斯顿的大学生在观看比赛录像时，"看到"达特茅斯球队队员犯规次数是自己球队的两倍之多。而对于同样的录像，达特茅斯的大学生却"看到"双方犯规次数一样多。

虽然观看的是同一场活动，但是对于不同的学生来说，由于他们的学校背景不同，他们"看到"了不同的比赛。

由此可以理解，不论一家媒体标榜其多么客观公正，但是他们在报道新闻事件的时候，总会带着一定的倾向性，虽然没有直接表明自己的爱与憎，但是字里行间却流露出他们的立场与好恶。

不要过于听信他人的一面之词。在对一件事情作出判断前，如果多参考一下更多人对于事实的复述，你所获得的认知会更接近事实的真相。

53

谨防"人多力量大"变成"人多力量小"

法国人马克斯·瑞格曼1913年做了一个拔河比赛的实验，他要求被试在分别单独的与群体的情境下拔河，同时用仪器来测量他们的拉力。结果发现随着被试人数的增加，每个被试平均使出的力减少了。一个人拉时平均出力63公斤；三个人的群体拉时，平均出力是53.5公斤；八个人时是31公斤。

这种共同完成一项任务时，群体人数越多个人出力越少的现象，称作"社会惰化"。

后来在其他人的实验中也得到证实。这些现象不仅在实验室里看到，在日常生活中也很普遍。根据有关研究和统计，在苏联，私有土地占总农用地的1%，但产量却是农业总产量的27%；在匈牙利，农民则曾在13%的自有耕地上生产出了全国三分之一的农产品；在中国，自1978年土地承包责任制，农作物的总产量每年递增8%，这一速度是过去26年里平均增幅的2.5倍。俗语"一个和尚挑水吃，二个和尚抬水吃，三个和尚没水吃"正是这种社会心理现象的具体形象化。

所谓"社会惰化",是指个人与群体其他成员一起完成某种事情时,或个人活动时有他人在场,往往个人所付出的努力比单独时偏少,不如单干时出力多,个人的活动积极性与效率下降的现象,也称之为社会惰化作用,另也叫社会干扰、社会致弱、社会逍遥、社会懈怠。

社会心理学家拉塔奈曾在个体独自的情况下和在不同群体规模的情况下测查个体鼓掌和欢呼的声音强度,他发现,与个体独自情况相比,个体的声音强度(鼓掌声和欢呼声)是会随着群体规模的增大而减弱的。

拉塔奈认为,出现社会惰化的原因可能有三个:

第一,社会评价的作用。在群体情况下,个体的工作是不记名的,他们所做的努力是不被测量的,因为这时测量的结果是整个群体的工作成绩,所以,个体在这种情况下就成了可以不对自己行为负责任的人,因而他的被评价意识就必然减弱,使为工作所付出的努力也就减弱了。

第二,社会认知的作用。在群体中的个体,也许会认为其他成员不会太努力,可能会偷懒,所以自己也就开始偷懒了,从而使自己的努力下降。

第三,社会作用力的作用。在一个群体作业的情况下,每一个成员都是整个群体的一员,与其他成员一起接受外来的影响,那么,当群体成员增多时,每一个成员所接受的外来影响就必然会被分散、被减弱,因而,个体所付出的努力就降低了。

富有战斗力的团队精神,是任何集体都梦寐以求的。企业拥有了团队精神就是拥有了核心竞争力,就具备了在现代市场竞争中无往而不胜的战略优势,就可以弥补诸如资金、技术等方面的不足。

这是因为团队可以产生正效应，也就是说团队的产出比成员单个工作的产出之和大，因为团队精神可以刺激个人的努力，因此2+2可以等于5。但事实上，团队产生的效应常常是负的。为什么会有这种结果呢？原因在于社会惰化效应。

为什么会出现这种现象呢？一种是因为团队成员认为其他人没有公平付出。假想你认为当你在辛苦工作时别人却在偷懒，那么你肯定也会减少工作量来重建公平感；另一种原因是责任的分散。所谓法不责众，因为团队的成绩不会归功于个人，个人的投入和团队产出之间的关系不明朗。这样有的个体可能成为搭便车者，依附团队的努力。换句话说，如果个体认为自己的贡献无法被衡量，效率就会下降。

那么，如何才能消除团队中的社会惰化效应呢？

一是设定团队的共同奋斗目标。共同的目标、共同的期望是形成一个团队的首要条件，而这也正是企业文化的重要组成部分。

众所周知，人类任何一个组织的诞生首先是基于人类彼此存在共同的需求，或者说是共同的好处。例如，在原始社会，人们因为要共同抵御野兽的袭击，又因为只有共同的狩猎才会有收获，所以就结成部落。进入工业社会后，雇员因为要维护自身的利益，对抗资本家的过度榨取，所以要成立工会，从这样的分析判断中不难看出，任何人群和组织其实就是一个利益共同体，相同的利益要求是一个组织产生的首要前提。没有这一点，任何组织都不可能产生，团队精神就更无从谈起。为此，管理者必须让每一个团队成员都明白团队的目标是什么，自己在为这个团队目标奋斗中将会获得什么利益。这个目标既是团队对每一个成员的一种利益吸引，也是对大家行为方向的一种界定。否则，大家到这个团队工作的目的就不明确了，进入之后的行为方向也不统一了。

二是加强团队内部之间的沟通和协调。团队内部良好的沟通和协调是形成一个优秀团队不可或缺的重要条件。

正如同沃尔玛总裁所说的："如果你必须将沃尔玛体制浓缩成一个思想，那可能就是沟通，因为它是成功的真正关键之一。"丹费大学所做的一项研究表明，所调查的46家公司之所以面对互联网带来的商业机会行动迟缓，最主要的两个原因就是：交流的贫乏和行政上的混乱。让交流成为一个团队、一个公司里的优先事项，并且让每个员工都知道你重视交流；为员工提供同管理层交谈的机会；建立信任的氛围。这是优秀的团队要达到有效的沟通和协调至关重要的三个条件。

三是建立公平公正的团队竞争机制。

一种精神的形成必须以一种积极健康的机制来维系，使遵从团队精神和共同行为规范的成员能过上好日子，能得到高的报酬。反之，如果善良的行为被压抑、受打击，高尚的行为注定会惨遭夭折。这些机制既有利益方面的也有精神方面的。现实中，一些企业由于没有处理好团队成员间的公平问题而导致团队人心涣散，凝聚力锐减的事例不胜枚举。有的搞远近亲疏区别对待，培养亲信，扶植小圈子势力；有的有意制造矛盾，以便自己掌控。凡此等等，都是因为没有建立公平公正的机制和氛围而致。管理者必须营造公平公正的氛围，创建公平公正的机制，保证团队成员得到公平公正的待遇，只有如此才能激发团队每个成员的工作热情和动力，确保整个团队的战斗力。

社会惰化是一种不可忽视的社会现象，它的产生存在一定的心理学、经济学和管理学上原因，组织可以通过运用文化理念人性化、绩效考评具体化以及管理方式多元化来对社会惰化现象加以控制和弱化，从而使群体工作方式更好地发挥作用。

54

如果感到一切很舒适，你应该敲响警钟了

青蛙效应：学会适应未必是好事情

"青蛙效应"源自19世纪末，美国康奈尔大学曾进行过一次著名的"青蛙试验"：他们将一只青蛙放进煮沸水的大锅里，青蛙触电般地蹿了出去。后来，人们又把它放在一个装满凉水的大锅里，任其自由游动。然后用小火慢慢加热，青蛙虽然可以感觉到外界温度的变化，却因惰性而没有立即往外跳，直到后来热度难忍，失去逃生能力而被煮熟。

科学家经过分析认为，这只青蛙第一次之所以能"逃离险境"，是因为它受到了沸水的剧烈刺激，于是便使出全部的力量跳了出来，第二次由于没有明显感觉到刺激，这只青蛙便失去了警惕，没有了危机意识，它觉得这一温度正适合，然而当它感觉到危机时，已经没有能力从水里逃出来了。

　　"青蛙效应"强调的便是"生于忧患，死于安乐"的道理。人性中天生具有一种惰性、一种安于现状的趋向。许多人往往不到迫不得已，不愿意去改变已适应的生活。但是，如果一个人久久沉迷于这种所适应的、缺少变化的安逸生活当中时，往往会忽略周围环境的种种变化，以至于当危机真的到来时，就像那只青蛙一样只能坐以待毙。

　　比尔·盖茨有一句名言："微软离破产永远只有18个月。"为什么这样说呢？因为他明白，造成危机的许多诱因早已潜伏在企业日常的经营管理之中，一旦管理者麻痹大意，缺乏危机意识，没有足够重视。有时，看起来很不起眼的小事，经过"连锁反应""滚雪球效应""恶性循环"，都有可能演变成摧毁企业的危机。

　　"青蛙效应"告诉人们，企业竞争环境的改变大多是渐热式的，如果管理者与员工对环境的变化没有疼痛的感觉，最后就会像那只青蛙一样，被煮熟、淘汰了仍不知道。一个企业不要满足于眼前的既得利益，不要沉湎于过去的胜利和美好愿望之中，而忘掉危机的逐渐形成和看不到失败一步步地逼近，最后像青蛙一样在安逸中死去。而一个人或企业应居安思危，适时宣扬危机，适度加压，使处于危境而不知危境的人猛醒，使放慢脚步的人加快脚步，不断超越自己，超越过去。

　　企业要避免"温水煮蛙"现象，首先要求其最高管理层具备危机意识，企业才不至于在战略上迷失方向，不经意之间滑入危机的泥潭之中。值得重视的是，危机管理并非是企业最高管理层或某些职能部门，如安全部门、公关部门的事情，而应成为每个职能部门和每位员工共同面临的课题。在最高管理层具备危机意识的基础上，企业要善于将这种危机意识向所有的员工灌输，使每位员工都具备居安思危的思想，提高员工对危机发生的警惕性，使危机管理能够落实到每位员工的实际行动中，做到防微杜渐、临危不乱。

未雨绸缪、居安思危、有危机意识是我们应该从"青蛙效应"中领悟的。在职业和生活上都是如此，逆水行舟，不进则退。回顾一下过去，当我们遇上猛烈的挫折和困难时，常常激发了自己的潜能；可一旦趋向平静，便耽于安逸、享乐、奢靡、挥霍的生活，而不断遭遇失败。一个人就像一个公司，如果陶醉现在已有的"卓越"中，那么就只会走下坡路。

与青蛙相比，人毕竟有高级的思维。青蛙在逐渐加温的水中是无知的，而人却有能力及时辨别自己的行为，这一点非常重要。如果个人、企业和社会能够及时警醒，居安思危，并采取种种积极的措施，就一定能够取得长远的、可持续的发展。

不论是公司，还是个人，都应该时刻充满危机感和不满足感。今天的成功并不意味着明天的成功。你只有不断地保持自己的饥饿意识，设定远大的目标，才不会在生活各方面的竞争中被打败。你只有时刻保持面临危机的心态，才能在真正危机到来时临危不乱。

55

你最大的悲剧在于，认为"一切为时已晚"了

摩西奶奶效应：人生从来没有太晚的开始

美国艺术家摩西奶奶至暮年才发现自己有惊人的艺术天分，她75岁以后开始作画，80岁举行首次个人画展，轰动艺术界。美国学者称这种现象为"摩西奶奶效应"。

摩西奶奶（1860—1961）原名为安娜·玛丽·罗伯逊·摩西，出生于纽约州格林尼治村的一个农场，27岁嫁给了弗吉尼亚州斯汤顿的一个农民。后来她重返纽约州，在离出生地不远处生活了近20年。摩西奶奶一生共孕育了10个子女，在绘画之前，她的双手做的都是擦地板、挤牛奶、装蔬菜罐头、刺绣等诸如此类的琐事。直到76岁时，摩西奶奶因为关节炎发作而告别了家庭琐事，开始试着画画，并在当地展示了自己的画作。有一天，陈列在杂货店橱窗中的作品引起了艺术收藏家Louis J. Cal-dor的兴趣，也正是他使摩西奶奶的作品引起画商Otto Kallir的注意，Kallir将摩西介绍到了艺术界。80岁的时候，摩西奶奶在纽约举办了个人画展，引起巨大轰动，从此以后，她的作品成为艺术市场的热卖点。

1961年12月13日，摩西奶奶在纽约的胡西克瀑布逝世，终年101岁。虽然她从未接受过正规的艺术训练，但对美的热爱使她爆发了惊人的创作力，在20多年的绘画生涯中，她共创作了1600幅作品。摩西最早的绘画是柯里夫和艾夫斯图片和明信片的临摹品。不久她根据对农场的早期生活回忆而创作，描绘了童年时期美丽的乡村景色。摩西的风景画能敏锐捕捉到季节、天气和时间的细微差别。她的作品并不仅仅是个人生活的记录和对过往的伤感怀旧，更体现了永恒之美。

"摩西奶奶效应"启示人们：有志不在年高，成功不在年龄。一个人如果不去挖掘自己的潜在能力，它就会自行泯灭。你最愿意做的那件事，才是你真正的天赋所在。

关于摩西奶奶，还有这样一段逸事。一位叫作春水上行的日本人给摩西奶奶写了一封信，在信中倾吐了自己的犹豫：他很想从事写作，可是大学毕业后，自己一直在一家医院里工作，眼看马上就要30岁了，他不知道该不该放弃那份令人厌倦却收入稳定的职业，以便从事自己喜欢的行业。摩西奶奶的回信是这样的："做你喜欢做的事，上帝会高兴地帮你打开成功之门，哪怕你现在已经80岁了。"后来，这个踌躇的日本年轻人成了日本乃至全世界都大名鼎鼎的作家，他就是渡边淳一。

古罗马政治家大加图一直被人们视为正直和廉洁的象征。在80岁的时候，他开始积极钻研希腊语。周围的人对此大为不解，他们问道："你已经进入耄耋之年，怎么还学习这么难学的希腊语？"大加图回答道："这是我剩下的最年轻的岁月了。"

人类的限度不在于现实中的不可能，而是你愿臣服于岁月，心安理得地告诉自己——"我已经不可能了"。其实，只要你下决心去做，什么事都不嫌太迟。

麦当劳到1985年年底为止，总共卖出了600亿个汉堡，如果一个接一个排在一起，从地球排到月球，来回可绕七圈。

1985年，麦当劳在美国地区的营业额高达110亿美元，大家可能不知道，这个庞大企业的创办人雷·克洛，他在1954年创业时，已经52岁了。他非但年过半百，而且一身是病：他割掉胆囊，患有糖尿病与关节炎，甲状腺还有肿大的现象。

当时雷·克洛正到处推销一种奶昔拌合器，此种机器可同时做出六份奶昔。有一天，一个酒吧老板告诉他，在加州圣贝纳予奴有一家麦当劳兄弟汉堡店，一口气订了8个奶昔拌合器，也就是说一次必须供应48杯奶昔。雷·克洛心想："哇！一次供应48杯奶昔，生意真好，真是闻所未闻，我一定要去看看。"

不久，他就去参观麦当劳汉堡店，他不只看到了这家店的作业流程，而且看出了这门生意连锁经营的潜力。当时麦氏兄弟在加州已有十家连锁店，但无意再扩大。雷·克洛以三寸不烂之舌说服他们让他去推销连锁店。

6年后，麦氏兄弟有意退休，雷·克洛以250万美元买下了整个麦当劳企业，而后逐步扩大，建立了今天的麦当劳王国。

摩西奶奶和麦氏兄弟的成功经历说明：年龄，对一个有勇气的人来说，其实是无关紧要的。真正的衰老不是白发皱纹，而是停止了学习与进取的心。

有人总说："已经晚了"，实际上，现在就是最好的时光。对于一个真正有所追求的人来说，生命的每个时期都是年轻的、及时的。

人生没有太晚的开始，关键在于你是否开始。今天就是你今后日子中最年轻的一天，只要没有泯灭对生活的热爱，每一分努力都是人生最可贵的起点。